나

나 바로 깨치니

나 바로 부처구나

나 바로 하늘이구나

나 바로 땅이구나

나 바로 산이구나

나 바로 물이구나

나 바로 꽃이구나

나 바로 열매구나

알겠는가?

붉고 푸르니 내가 온 천하요

달고 쓰니 온 세상이 나구나.

하!

어떤 것이 나 바로 나인고?

나!

어떤 것이 나 바로 깨침인고?

나!

어떤 것이 나 바로 인생인고?

나!

 # 찬 (讚) 1

나 바로 나니
일체가 오르지 나요
일체를 초월한 나요
일체를 홍대로 나구나.

스스로 항상 누리십니다.

내가 아야어여 진여실상이요
내가 오요우유 삼매해탈이구나.

하!

늘 오늘 영흥 범향배

찬 (讚) 2

님은 님으로 웃고 계십니까
님은 님으로 울고 계십니까
님은 님으로 꽃이 됩니다
님은 님으로 별이 됩니다
님은 님으로 행복합니다
님은 님으로 무한합니다
님은 님으로 해탈입니다
님은 님으로 나입니다
풀잎도 돌멩이도 방광을 합니다

하!

늘 누리는 날 영홍 범향 배

찬 (讚) 3

하!

나는 나로 아름다움이요
나는 나로 예쁨이요
나는 나로 멋짐이요
나는 나로 거룩함이요
나는 나로 위대함이요
나는 나로 훌륭함이요
나는 나로 기쁨이요
나는 나로 즐거움이구나.

지금 여러분은 어떠하신고?

해는 해로 개골개골개골 우담바라요
달은 달로 맴맴맴 마니보주구나.

하!

'나'

나(我와 無我를 초월한 '참나'를 말함)는 참으로 위대하고 거룩합니다. 하늘 위나 하늘 아래, 나보다 더 소중하고 귀한 것은 없습니다.

부처님이나 하느님이나 그 어떤 절대자도, 그 어떤 신도, 그 어떤 권력자도, 권속도, 물질도, 그 어떤 종교도, 과학도, 철학도, 학문도, 예술도, 경제도, 정치도, 사상도, 이념도, 이상도, 이승도, 저승도, 지옥도, 천국도, 사바(娑婆: 괴로움이 많은 인간 세계)도, 극락도, 그 어떤 문명·문화도 나를 능가할 수 없습니다.

나는 곧 진리요, 빛이요, 감로요, 세상이요, 우주요, 법계요, 주인이요, 창조주입니다.

나는 생멸(生滅: 나고 죽는 것)이 아닙니다.
그래서 생멸을 흥대로(흥이 나는 이대로) 자유자재로 누립니다.

나는 색공(色空: 물질과 마음)이 아닙니다.
그래서 색공을 흥대로 자유자재로 누립니다.

나는 시공(時空: 시간과 공간)이 아닙니다.
그래서 시공을 흥대로 자유자재로 누립니다.

나는 시종(始終: 처음과 끝)이 아닙니다.
그래서 시종을 흥대로 자유자재로 누립니다.

나는 유무(有無: 있음과 없음)가 아닙니다.

그래서 유무를 흥대로 자유자재로 누립니다.

나는 대상이 아닙니다.
그래서 대상을 흥대로 자유자재로 누립니다.

나는 마음도 몸도 아닙니다.
그래서 마음도 몸도 흥대로 자유자재로 누립니다.

나는 정신도 물질도 아닙니다.
그래서 정신도 물질도 흥대로 자유자재로 누립니다.

나는 이름도 빛깔도 아닙니다.
그래서 이름도 빛깔도 흥대로 자유자재로 누립니다.

나는 부분과 전체가 아닙니다.
그래서 부분과 전체를 흥대로 자유자재로 누립니다.

나는 더하고 덜함이 아닙니다.
그래서 더하고 덜함을 흥대로 자유자재로 누립니다.

나는 얻고 구함이 아닙니다.
그래서 얻고 구함을 흥대로 자유자재로 누립니다.

나는 맺고 풂이 아닙니다.
그래서 맺고 풂을 흥대로 자유자재로 누립니다.

나는 이승도 저승도 아닙니다.
그래서 이승도 저승도 흥대로 자유자재로 누립니다.

나는 지옥도 천국도 아닙니다.
그래서 지옥도 천국도 흥대로 자유자재로 누립니다.

나는 사바도 극락도 아닙니다.
그래서 사바도 극락도 흥대로 자유자재로 누립니다.

나는 중생도 부처도 아닙니다.
그래서 중생도 부처도 홍대로 자유자재로 누립니다.

나는 미(迷)함도 깨침도 아닙니다.
그래서 미함도 깨침도 홍대로 자유자재로 누립니다.

나는 밝음도 어둠도 아닙니다.
그래서 밝음도 어둠도 홍대로 자유자재로 누립니다.

나는 무명업식(無明業識)이 아닙니다.
그래서 무명업식을 홍대로 자유자재로 누립니다.

나는 진여실상(眞如實相: 진리의 여실한 있는 그대로의 참모습)이
아닙니다.
그래서 진여실상을 홍대로 자유자재로 누립니다.

나는 번뇌망상(煩惱妄想)이 아닙니다.
그래서 번뇌망상을 홍대로 자유자재로 누립니다.

나는 삼매해탈이 아닙니다.
그래서 삼매해탈을 홍대로 자유자재로 누립니다.

나는 생주이멸이 아닙니다.
그래서 생주이멸(生住異滅: 모든 사물이 생기고, 머물고, 변화하
고, 소멸하는 네 가지 현상)을 홍대로 자유자재로 누립니다.

나는 상주상락(常住常樂: 항상 머물며 항상 즐거움)이 아닙니다.
그래서 상주상락을 홍대로 자유자재로 누립니다.

나는 생로병사가 아닙니다.
그래서 생로병사를 홍대로 자유자재로 누립니다.

나는 무여열반(無餘涅槃: 모든 번뇌를 끊고 분별의 지혜를 떠나
몸까지 없애고 적정(寂靜)에 돌아간 경지)이 아닙니다.

그래서 무여열반을 홍대로 자유자재로 누립니다.

나는 육도윤회(六道輪廻: 선악의 응보(應報)에 따라 육도를 돌고 도는 일)가 아닙니다.

그래서 육도윤회를 홍대로 자유자재로 누립니다.

나는 성주괴공(成住壞空: 우주 만물이 탄생, 존속, 파괴, 사멸을 반복하며 끊임없이 변화하는 것)이 아닙니다.

그래서 성주괴공을 홍대로 자유자재로 누립니다.

나는 여여부동(如如不動: 모양에 집착하지 않고, 항상 여여하여 동요가 없는 것)이 아닙니다.

그래서 여여부동을 홍대로 자유자재로 누립니다.

나는 그래서 언제나 지금 이대로
일체를 초월하지 않고 초월했습니다.

나는 그래서 언제나 지금 이대로
일체에 얽매이지 않는 자유입니다.

나는 그래서 언제나 지금 이대로
일체에 머물지 않는 평화입니다.

나는 그래서 언제나 지금 이대로
일체에 물들지〔汚染〕 않는 행복입니다.

나는 그래서 언제나 지금 이대로
일체를 버림이 없는 자비입니다.

나는 그래서 언제나 지금 이대로
홍대로 자유자재로 일체를 이룹니다.

나는 그래서 언제나 지금 이대로
홍대로 자유자재로 일체를 씁니다.

나는 그래서 언제나 지금 이대로
홍대로 자유자재로 일체를 누립니다.

나는 언제나 지금 이대로
홍대로 자유자재한 불생불멸의 무한생명의 절대 실체요,

나는 언제나 지금 이대로 홍대로 자유자재한
억조창생(億兆蒼生: 매우 많은 수의 중생)의 무한생명의 절대 실용
이요

나는 언제나 지금 이대로 홍대로 자유자재한
무시무종(無始無終: 시작도 끝도 없는)의 무한생명의 절대 법계요

나는 언제나 지금 이대로 홍대로 자유자재한
불구부정(不垢不淨: 더러움도 깨끗함도 아닌)의 무한생명의 절대
정토(淨土: 청정한 국토인 극락)요

나는 언제나 지금 이대로 홍대로 자유자재한 부증불감(不增不減:
늘지도 줄지도 않는)의 무한생명의 절대 안락이요

나는 언제나 지금 이대로 홍대로 자유자재한 색즉시공(色卽是空:
물질적 존재는 모두 인연에 따라 만들어진 것으로서 불변하는 고유
의 존재성이 없다는 것)의 무한생명의 절대 구현이요

나는 언제나 지금 이대로 홍대로 자유자재한
공즉시색(空卽是色: 만물의 본성인 공이 연속적인 인연에 의해 임
시로 다양한 만물로서 존재한다는 것)의 무한생명의 절대 실현이요

나는 언제나 지금 이대로 홍대로 자유자재한 쌍차쌍조(雙遮雙照:
선과 악, 있음과 없음, 괴로움과 즐거움 등 상극하는 양변을 모두
버려야만 서로 소통할 수 있다는 이치)의 무한생명의 절대 진여요

나는 언제나 지금 이대로 홍대로 자유자재한 항사묘용(恒沙妙用:

갠지스 강의 모래처럼 무한한 묘한 작용)의 무한생명의 절대 실상이요

나는 언제나 지금 이대로 흥대로 자유자재한 중도무위(中道無爲: 중도와 인위적인 조작이 없음)의 무한생명의 절대 진인이요

나는 언제나 지금 이대로 흥대로 자유자재한 육도상락(六道常樂: 육도윤회를 하더라도 항상 즐거운)의 무한생명의 절대 중생이요

나는 언제나 지금 이대로 흥대로 자유자재로 청풍명월(淸風明月: 맑은 바람과 밝은 달 같은 마음)의 무한생명의 절대 부처요

나는 언제나 지금 이대로 흥대로 자유자재한 본불본락(本佛本樂: 본래 부처로서의 근원적인 즐거움)의 무한생명의 절대 스스로 나입니다.

나는 언제나 지금 이대로 흥대로 자유자재한 스스로 여러분과 꼭 맞게 홀로 서로 열려 있습니다.

나는 언제나 지금 이대로 흥대로 자유자재한 스스로 여러분과 꼭 맞게 홀로 서로 드러나 있습니다.

나는 언제나 지금 이대로 흥대로 자유자재한 스스로 여러분과 꼭 맞게 홀로 서로 쓰고 있습니다.

나는 언제나 지금 이대로 흥대로 자유자재한 스스로 여러분과 꼭 맞게 홀로 서로 누리고 있습니다.

나는 언제나 지금 이대로 흥대로 자유자재한 스스로 여러분과 꼭 맞게 홀로 서로 상주법계(常住法界: 항상 머물러 있는 법의 세계, 불생불멸하는 우주)요

나는 언제나 지금 이대로 흥대로 자유자재한 스스로 여러분과 꼭 맞게 홀로 서로 상주상락(常住常樂)이요

나는 언제나 지금 이대로 흥대로 자유자재한 스스로
여러분과 꼭 맞게 홀로 서로 상락아정(常樂我淨: 열반의 세계는
절대 영원하고 즐겁고 자재(自在)한 참나가 확립되어 있으며 청정함)
이요

나는 언제나 지금 이대로 흥대로 자유자재한 스스로
여러분과 꼭 맞게 홀로 서로 본래면목(本來面目: 중생이 본디 지
니고 있는 순수한 심성인 불성)이요

나는 언제나 지금 이대로 흥대로 자유자재한 스스로
여러분과 꼭 맞게 홀로 서로 영원한 주인입니다.

하!

이제 여러분 알겠습니까?
하!

필경 어떤 것이 정녕 나입니까?

동쪽 하늘에 해와 달을 쌍으로 띄우고
온 세상 뜨락마다 산호열매, 계수열매 끝없이 뿌립니다.
하!

나 1

나 바로 깨치니 나 바로 부처구나
나 바로 흥대로 하늘과 땅이구나
나 바로 흥대로 산과 물이구나
나 바로 흥대로 해와 달이구나
나 바로 흥대로 꽃과 열매구나
나 바로 흥대로 풀잎과 돌멩이구나
나 바로 흥대로 새와 물고기구나
나 바로 흥대로 사슴과 거북이구나

지금 여러분은 어떠하신고?

배고파 밥 먹으니 내가 온 천하로 자유요
목말라 물마시니 온 세상이 나로 행복이구나.

하!

나 2

나 바로 깨치니 나 바로 나구나
나 바로 중생과 부처를 흥대로구나
나 바로 이승과 저승을 흥대로구나
나 바로 지옥과 천국을 흥대로구나
나 바로 사바와 극락을 흥대로구나
나 바로 불생불멸을 흥대로구나
나 바로 무명진여를 흥대로구나
나 바로 번뇌해탈을 흥대로구나

지금 여러분은 어떠하신고?

내가 붉으니 내가 온 천하로 봄이요
내가 푸르니 온 세상이 나로 가을이구나.

하!

나 3

나 바로 깨치니
나 바로 온 법계구나
나 바로 온 세상이구나
나 바로 온 삼라만상이구나
나 바로 온갖 낙이구나
나 바로 주인이구나
나 바로 창조주이구나
나 바로 끝이 없구나.

지금 여러분은 어떠하신고?

부웅 부웅 부웅 중생도 부처도 만고광명이요
뻐꾹 뻐꾹 뻐꾹 사바도 극락도 만고축복이구나.

하!

 # 각(覺)

각(覺:깨달음)이란?
나입니다. 바로 나입니다. 그대로 나입니다.
이대로 나입니다. 언제나 나입니다.
무엇이든 나입니다.
우리 모두 똑같이 스스로 나입니다.
우리 모두 똑같이 스스로 바로 나입니다.
우리 모두 똑같이 스스로 그대로 나입니다.
우리 모두 똑같이 스스로 이대로 나입니다.
우리 모두 똑같이 스스로 언제나 나입니다.
우리 모두 똑같이 스스로 무엇이든 나입니다.

각이란?
나와 우리 모두의 똑같이 스스로 실체(實體)입니다.
나와 우리 모두의 똑같이 스스로 실용(實用)입니다.
나와 우리 모두의 똑같이 스스로 진여입니다.
나와 우리 모두의 똑같이 스스로 실상(實相)입니다.
나와 우리 모두의 똑같이 스스로 실현(實現)입니다.
나와 우리 모두의 똑같이 스스로 실참(實參)입니다.
나와 우리 모두의 똑같이 스스로 실행입니다.
나와 우리 모두의 똑같이 스스로 세상입니다.
나와 우리 모두의 똑같이 스스로 우주입니다.
나와 우리 모두의 똑같이 스스로 법계입니다.
나와 우리 모두의 똑같이 스스로 주인입니다.
나와 우리 모두의 똑같이 스스로 빛입니다.
나와 우리 모두의 똑같이 스스로 감로입니다.
나와 우리 모두의 똑같이 스스로 보배입니다.

나와 우리 모두의 똑같이 스스로 풍요입니다.
나와 우리 모두의 똑같이 스스로 자유입니다.
나와 우리 모두의 똑같이 스스로 평화입니다.
나와 우리 모두의 똑같이 스스로 행복입니다.
나와 우리 모두의 똑같이 스스로 자비입니다.
나와 우리 모두의 똑같이 스스로 생명입니다.
나와 우리 모두의 똑같이 스스로 실존(實存)입니다.
나와 우리 모두의 똑같이 스스로 본각(本覺)입니다.

삼라만상 온 전체로 낱낱이 제 생명, 제 모습, 제 이름대로 각 아
님이 없습니다.
우리 모두의 스스로 나인 각은 우리 모두 스스로 다함께 안팎으로
한 터럭도 서로 차이가 없이 열려 있습니다. 드러나 있습니다. 쓰고

있습니다. 누리고 있습니다.
우리 모두의 스스로 나인 각은 서로 함께 무한히 청정무구(淸淨無
垢)하게, 무한히 원융무애(圓融無碍)하게, 무한히 자유자재하게, 무
한히 활발자재하게, 무한히 풍요진진(豊饒津津)하게, 무한히 여여부
동하게, 무한히 성성적적(惺惺寂寂)하게, 무한히 명암동시(明暗同時)
하게, 무한히 쌍차쌍조하게, 무한히 확철명백(確澈明白)하게, 무한히
항사묘용하게, 언제나 지금 이대로 평상심(平常心)을 초월한 평상심
으로, 평상심을 초월하지 않는 평상심으로, 무한한 생명력으로 무한
한 주인으로, 무한한 창조주로, 무한한 진리로, 무한한 빛으로, 무
한한 감로로, 무한한 보배로, 무한한 양식으로, 무한한 풍요로, 무한
한 자유로, 무한한 평화로, 무한한 행복으로, 무한한 사랑으로, 무한

한 자비로, 무궁무진하게 열려있고, 드러나 있고, 쓰고 있고, 누리고
있습니다.

우리 모두의 스스로 나인 각은
생멸 없이 생멸을 흥대로 자유자재로 차조동시(遮照同時)요
생사 없이 생사를 흥대로 자유자재로 차조동시요
시공 없이 시공을 흥대로 자유자재로 차조동시요
시종 없이 시종을 흥대로 자유자재로 차조동시요
색공 없이 색공을 흥대로 자유자재로 차조동시요
유무 없이 유무를 흥대로 자유자재로 차조동시요
미오 없이 미오를 흥대로 자유자재로 차조동시요
명암 없이 명암을 흥대로 자유자재로 차조동시입니다.

우리 모두의 스스로 나인 각은
언제나 지금 이대로 온 전체로 낱낱이 차조동시로 누림이요
언제나 지금 이대로 낱낱이 온 전체로 차조동시로 누림이요
언제나 지금 이대로 무명이면서 진여로 차조동시로 누림이요
언제나 지금 이대로 진여이면서 무명으로 차조동시로 누림이요
언제나 지금 이대로 번뇌이면서 해탈로 차조동시로 누림이요
언제나 지금 이대로 해탈이면서 번뇌로 차조동시로 누림이요
언제나 지금 이대로 생사이면서 열반으로 차조동시로 누림이요
언제나 지금 이대로 열반이면서 생사로 차조동시로 누림이요
언제나 지금 이대로 이승이면서 저승으로 차조동시로 누림이요
언제나 지금 이대로 저승이면서 이승으로 차조동시로 누림이요
언제나 지금 이대로 사바이면서 극락으로 차조동시로 누림이요
언제나 지금 이대로 극락이면서 사바로 차조동시로 누림이요
언제나 지금 이대로 중생이면서 부처로 차조동시로 누림이요
언제나 지금 이대로 부처이면서 중생으로 차조동시로 누림이요

우리 모두의 스스로 나인 각은
언제나 지금 이대로 꿈 속에서도 차조동시로 깨어있고
언제나 지금 이대로 잠 속에서도 차조동시로 깨어있고

언제나 지금 이대로 생시에서도 차조동시로 깨어있고
언제나 지금 이대로 의식에서도 차조동시로 깨어있고
언제나 지금 이대로 잠재의식에서도 차조동시로 깨어있고
언제나 지금 이대로 무의식에서도 차조동시로 깨어있습니다.

서로 함께 우리 모두의 스스로 나인 각은
언제나 지금 이대로 각이며
언제나 지금 이대로 '처음 각(始覺)'이며
언제나 지금 이대로 구경각(究竟覺)입니다.
처음 각이 구경각이며 언제나 지금 이대로 각이며
구경각이 처음 각으로 언제나 지금 이대로 각이며
언제나 지금 이대로 각이 처음 각이며, 구경각입니다.

서로 함께 우리 모두의 스스로 나인 각은
언제나 지금 이대로 각을 초월한 언제나 지금 이대로 각이며
처음 각을 초월한 처음 각이며
구경각을 초월한 구경각인 본각입니다.

서로 함께 우리 모두의 스스로 나인 각은
언제나 지금 이대로 돈오돈수(頓悟頓修)를 초월한
언제나 지금 이대로 돈오돈수입니다.
돈오돈수란 돈오돈수를 초월해야만 진정한 돈오돈수입니다.
돈오돈수란 처음 각이며 구경각입니다.
돈오돈수란 처음 각도 초월한 처음 각의 돈오돈수입니다.
돈오돈수란 구경각도 초월한 구경각의 돈오돈수입니다.
돈오돈수란 처음 각이며, 구경각이며, 견성이며, 성불이며, 본불(本佛)이며, 자성(自性)이요 참자성이며, 불성(佛性)이며 참 불성이요, 부처이며 참 부처요, 나요 참나요, 우리요 참 우리요, 모두요 참 모두인 본각입니다.

서로 함께 우리 모두의 스스로 나인 각은 언제나 지금 이대로 무한히 열려 있고 드러나 있고 쓰고 있고 누리고 있습니다.

그래서 우리는 필연적으로 영원히 이것을 끝없이 지켜야 하고 써야 하고 누려야 합니다.

본래부터 무한히, 영원히 우리의 절대적인 나의 본 나요, 본 바탕이요, 본 영혼이요, 본 마음이요, 본 생각이요, 본 몸이요, 본 빛깔이요, 본 모습이요, 본 이름이요, 본 생명이요, 본 삶이요, 본 세상이요, 본 세계요, 본 우주요, 본 법계요, 본 진리요, 본 행복인 본 자비의 본행(本行)의 끝없이 완전무결한 실참실행(實參實行)의 나이기 때문입니다.

그래서 언제나 지금 이대로 온 전체로 낱낱이 한 터럭도 차이 없이 낱낱이 온 전체로 꾸밈없이 안팎으로 꼭 맞게 시작도 끝도 없이 차조동시 쌍차쌍조로 영겁불퇴전의 신심으로, 복혜쌍수(福慧雙修)로 돈오점수와 돈오돈수를 초월한 돈오점수와 돈오돈수를 한바탕으로 함이 없는 함으로 정진해야 합니다. 각 해야 합니다. 보림(保任)해야 합니다. 부처행을 해야 합니다.

궁극적으로 석가모니 부처님같이 80종호 32상과 육신통과 본래 각(覺) 자리를 갖추고 다 이루었다 하더라도 항상 깨어있는 각(覺)으로 정진하지 않으면 언제 다시 미(迷)할 수밖에 없기 때문입니다.

왜냐하면 우리의 본래 바탕은 언제나 지금 이대로 무명이면서 그대로 진여요, 그대로 진여이면서 무명이라, 그대로 중생이면서 부처요, 그대로 부처이면서 중생이라, 미하고 깨침이 항상 같이 하기 때문에 미하고 깨침을 한바탕으로 초월한 항상 깨어있는 각으로, 첫째도 정진, 둘째도 정진, 셋째도 정진 또 정진 계속 오로지 정진일수 밖에 없습니다.

그래서 항상 각과 정진과 보림과 부처행이 안팎으로, 한바탕으로 꼭 맞아서 본래의 일체중생과 본래의 일체부처가 안팎으로 한 터럭도 차이 없이 꼭 맞아서 다함께 똑같이 본래대로 본 생명이요, 본 창조주요, 본 진리요, 본 법계로 무한히 본불본락(本佛本樂), 본불진락(本佛眞樂), 본불무애(本佛無碍), 본불자재(本佛自在), 본불원융(本佛圓融), 본불성적(本佛惺寂), 본불차조(本佛遮照), 본불광명(本佛光明), 본불보조(本佛普照), 본불활발(本佛活潑), 본불묘용(本佛妙用), 본불풍요(本佛豊饒), 본불행복(本佛幸福), 본불중도(本佛中道) 의 본불자비(本佛慈悲)를 누립니다.

하!

이제 여러분 알겠습니까?

하!

필경 어떤 것이 정녕 본각인 각입니까?
낮에는 꽃을 심고 꽃을 가리키고
밤에는 마니주 뿌리고 마니주 굴립니다.

하!

 # 선(禪)

선(禪)이란?
내가 바로 선입니다.
내가 바로 각입니다.
내가 바로 나입니다.

선(禪)이란?
우리 모두의 내가 바로 선입니다.
우리 모두의 내가 바로 각입니다.
우리 모두의 내가 바로 나입니다.

선(禪)이란?
우리 모두의 선과 각과 내가 서로 함께 차별이 없습니다.
우리 모두의 선과 각과 내가 서로 함께 원융합니다.
우리 모두의 선과 각과 내가 서로 함께 무한합니다.

선(禪)이란?
우리 모두의 실존적 생명이요
우리 모두의 실존적 실체요
우리 모두의 실존적 실용입니다.

선(禪)이란?
우리 모두의 실존적 자유요
우리 모두의 실존적 평화요
우리 모두의 실존적 행복입니다.

선(禪)이란?
우리 모두의 실존적 빛이요
우리 모두의 실존적 감로요
우리 모두의 실존적 자비입니다.

선(禪)이란?
우리 모두의 실존적 세상이요
우리 모두의 실존적 우주요
우리 모두의 실존적 법계입니다.

선(禪)이란?
우리 모두의 실존적 동정일여(動靜一如)의 쌍차쌍조요
우리 모두의 실존적 몽중일여(夢中一如)의 쌍차쌍조요
우리 모두의 실존적 숙면일여(熟眠一如)의 쌍차쌍조요
우리 모두의 실존적 타성일여(打成一如)의 쌍차쌍조요
우리 모두의 실존적 오매일여(寤寐一如)의 쌍차쌍조요
우리 모두의 실존적 생사일여(生死一如)의 쌍차쌍조요
우리 모두의 실존적 입태일여(入胎一如)의 쌍차쌍조요
우리 모두의 실존적 윤회일여(輪廻一如)의 쌍차쌍조요
우리 모두의 실존적 만행일여(萬行一如)의 쌍차쌍조요
우리 모두의 실존적 무아(無我) 유아(有我)의 쌍차쌍조요
우리 모두의 실존적 무심(無心) 유심(有心)의 쌍차쌍조요
우리 모두의 실존적 무념(無念) 유념(有念)의 쌍차쌍조요
우리 모두의 실존적 무주(無住) 유주(有住)의 쌍차쌍조요
우리 모두의 실존적 무상(無相) 유상(有相)의 쌍차쌍조입니다.

선(禪)이란?
우리 모두의 실존적 무명업식을 진여실상으로 쌍차쌍조요
우리 모두의 실존적 번뇌망상을 삼매해탈로 쌍차쌍조요
우리 모두의 실존적 생주이멸을 상주상락으로 쌍차쌍조요
우리 모두의 실존적 생로병사를 무여열반으로 쌍차쌍조요
우리 모두의 실존적 육도윤회를 상락아정으로 쌍차쌍조요
우리 모두의 실존적 성주괴공을 여여부동으로 쌍차쌍조입니다.

선(禪)이란?
우리 모두의 실존적 어묵동정(語默動靜)의 쌍차쌍조요
우리 모두의 실존적 행주좌와(行住坐臥)의 쌍차쌍조요
우리 모두의 실존적 만사만행(萬事萬行)의 쌍차쌍조요
우리 모두의 실존적 성성적적(惺惺寂寂)의 쌍차쌍조요
우리 모두의 실존적 자성체용(自性體用)의 쌍차쌍조요
우리 모두의 실존적 중도실상(中道實相)의 쌍차쌍조요
우리 모두의 실존적 평상순심(平常純心)의 쌍차쌍조요
우리 모두의 실존적 중생부처의 쌍차쌍조요
우리 모두의 실존적 성불본불(成佛本佛)의 쌍차쌍조입니다.

선(禪)이란?
염불(念佛)도 선이요
주력(呪力)도 선이요
사경(寫經)도 선이요
간경(看經)도 선이요
교(敎)도 선이요
율(律)도 선이요
논(論)도 선이요

선도 선입니다.

선(禪)이란?
종교도 선이요, 과학도 선이요, 철학도 선이요, 학문도 선이요,
정치도 선이요, 경제도 선이요, 예술도 선이요, 체육도 선이요, 교육
도 선이요, 직업도 선이요, 의식주도 선이요, 사상도 선이요, 이념도
선이요, 이상도 선이요, 희망도 선이요, 노력도 선이요, 성공도 선이
요, 실패도 선이요, 부자도 선이요, 가난도 선이요, 합함도 선이요,
나눔도 선이요, 기쁨도 선이요, 슬픔도 선이요, 괴로움도 선이요, 즐
거움도 선이요, 약도 선이요, 병도 선이요, 의술도 선이요, 건강도
선이요, 수명도 선이요, 노래도 선이요, 춤도 선이요, 그림도 선이요,
서예도 선이요, 글자도 선이요, 독서도 선이요, 간행도 선이요, 주는
것도 선이요, 받는 것도 선이요, 인정도 선이요, 우정도 선이요, 사
랑도 선이요, 자비도 선이요, 옛도 선이요, 지금도 선이요, 훗날도
선이요, 시공도 선이요, 시종(始終)도 선이요, 문명.문화가 다 선이
요, 삼라만상이 다 선(禪)입니다.

선(禪)이란?
영혼도 선이요, 마음도 선이요, 몸도 선이요, 정신도 선이요, 생각도
선이요, 뜻도 선이요, 말도 선이요, 행도 선이요, 육근. 육진. 육식
이 다 선이요, 삶도 선이요, 죽음도 선이요. 이승도 선이요,
저승도 선이요, 지옥도 선이요, 천국도 선이요, 사바도 선이요,
극락도 선이요, 육도가 다 선이요, 세간. 출세간이 다 선이요,
하늘도 선이요, 땅도 선이요, 산도 선이요, 물도 선이요, 샘물도 선
이요, 강물도 선이요, 바다도 선이요, 흙도 선이요, 소뿔도 선이요,
쇠붙이도 선이요, 돌도 선이요, 바위도 선이요, 깨어진 기왓장도 선

이요, 깨어진 유리조각도 선이요, 빈종이 조각도 선이요, 해와 달. 별도 선이요, 천둥. 번개. 벼락도 선이요, 이슬도 선이요, 눈. 서리. 구름. 안개. 비도 선이요, 낙엽도 선이요, 비석도 선이요, 봄 여름가을 겨울도 선이요, 낮과 밤도 선이요, 집. 이웃마을. 시장바닥. 나라. 세계가 다 선이요, 부모. 형제. 자매. 질손. 제형. 숙백. 일가친척이 다 선이요, 부부. 연인. 애인. 친구. 스승. 제자. 도반. 남녀노소. 범부성인(凡夫聖人)이 다 선이요, 태란습화(胎卵濕化) 유정.무정(有情無情)이 다 선이요, 유주무주(有主無主) 온 법계가 다 선입니다.

선(禪)이란?
온 마음으로 온 눈으로 선입니다.
온 몸이 온 눈으로 선입니다.
온 세상이 온 눈으로 선입니다.
온 우주가 온 눈으로 선입니다.
온 법계가 온 눈으로 선입니다.
온 마음, 온 몸, 온 세상, 온 우주, 온 법계가 한바탕으로 온 전체로 낱낱이 홍대로 무한히 청정무구(淸淨無垢) 합니다.

선(禪)이란?
온 마음 청정무구하게 홍대로 무한히 충만합니다.
온 몸 청정무구하게 홍대로 무한히 충만합니다.
온 세상 청정무구하게 홍대로 무한히 충만합니다.
온 우주 청정무구하게 홍대로 무한히 충만합니다.
온 법계 청정무구하게 홍대로 무한히 충만합니다.
온 마음, 온 몸, 온 세상, 온 우주, 온 법계가 한바탕으로 온 전체로 낱낱이 청정무구하게 홍대로 무한히 충만합니다.

선(禪)이란?
탐진치(貪瞋癡)가 계정혜(戒定慧)로 선이요
오욕락(五欲樂)이 계정혜로 선이요
우비고(憂悲苦)가 계정혜로 선이요
사성제가 계정혜로 선입니다.

선(禪)이란?
육바라밀이 다 선입니다.
팔정도가 다 선입니다.
팔만사천법문이 다 선입니다.
세간법, 출세간법이 다 선입니다.

선(禪)이란?
꽃비를 뿌리면서 만리의 파도가 되어
꽃비를 뿌리면서 만리의 파도를 일으키고
꽃비를 뿌리면서 만리의 파도를 타고
꽃비를 뿌리면서 만리의 파도를 즐깁니다.
선(禪)이란?
눈썹 털마다 해와 달을 굴리며 학을 날리고
발바닥마다 산과 물 펼치고 봉황을 거두며
시장바닥에 떡전을 열어 쾌지나 칭칭이요
골목마다 엿판을 두들기며 어야디야 상사디여 입니다.

선(禪)이란?
손에 손잡고 발에 발맞추고 하늘과 땅을 누리며 강강수월래요
손에 손잡고 발에 발맞추고 산과 물을 누리며 강강수월래요
손에 손잡고 발에 발맞추고 해와 달을 누리며 강강수월래요

손에 손잡고 발에 발맞추고 꽃과 열매를 누리며 강강수월래요
손에 손잡고 발에 발맞추고 너와 나를 누리며 강강수월래요
손에 손잡고 발에 발맞추고 우리 모두를 누리며 강강수월래요
손에 손잡고 발에 발맞추고 우리 자유를 누리며 강강수월래요
손에 손잡고 발에 발맞추고 우리 평화를 누리며 강강수월래요
손에 손잡고 발에 발맞추고 우리 행복을 누리며 강강수월래요
손에 손잡고 발에 발맞추고 우리 자비를 누리며 강강수월래요
손에 손잡고 발에 발맞추고 우리 승리를 누리며 강강수월래요
손에 손잡고 발에 발맞추고 우리 만세를 누리며 강강수월래요
손에 손잡고 발에 발맞추고 우리 영광을 누리며 강강수월래요

선(禪)이란?
울릉도 호박엿이요
울진 팥죽이요
전주 비빔밥이요
함흥냉면입니다.
선(禪)이란?
조사선도 선이요
간화선도 선이요
여래선도 선입니다.

선(禪)이란?
우리 모두의 내가 나를 바로 보고
우리 모두의 내가 나를 바로 찾고
우리 모두의 내가 나를 바로 만나고
우리 모두의 내가 나를 바로 잡고
우리 모두의 내가 나를 바로 드러내고

우리 모두의 내가 나를 바로 지키고
우리 모두의 내가 나를 바로 열고
우리 모두의 내가 나를 바로 쓰고
우리 모두의 내가 나를 바로 펴고
우리 모두의 내가 나를 바로 누림입니다.

선(禪)이란?
보고, 찾고, 만나고, 잡고, 드러내고, 지키고, 열고, 쓰고, 펴고,
누림이 온 전체로 낱낱이 차별 없이 안팎으로 꼭 맞게 자유자재한
무한한 내 생명의 활발발한 바로 본 선입니다. 본각입니다. 본 나
입니다.

선(禪)이란?
지금 이대로 우리 모두의 영원한 생명인 근원적 실존적 구경적 절
대적으로 무한히 쌍차쌍조한 항사묘용의 평상심인 본선을, 본각을,
본 나를 바로 누리는 것이 조사선입니다.
이를 누리고자 하는 것이 간화선입니다.
이를 함께 하고자 하는 것이 여래선입니다.

선(禪)이란?
조사선과 간화선과 여래선이 따로 없이 한바탕으로 낱낱이 온 전체
로 통해서 영원한 절대 현재로 열려 향상구(向上句)나, 향하구(向
下句)나, 평상구(平常句)나 한 터럭도 차이 없이 통째로 바로 실참
해서 안팎으로 꼭 맞아 자유자재로 쓰고, 지키고, 누리고, 펼치고,
거둠이 무궁무진해야 합니다.

선(禪)이란?

화두공안(話頭公案)입니다.

화두공안을 즉시 바로 보고 바로 타파해야 합니다.

화두공안을 즉시에 바로 드러내고 바로 계합(契合)해야 합니다.

화두공안 그대로 화두공안을 간격 없이 지키고 써야 합니다.

화두공안 그대로 화두공안을 홍대로 꼭 맞아 자유자재해야
합니다.

선(禪)이란?

이것입니다.

이것이 무엇인고?

그대는 그대에게 맡기고, 천하는 천하에 맡기고, 나는 그대와 천
하를 마음대로 행합니다.

어찌하여 조주 스님은 '개에게 불성이 없다'했는고?

동풍을 펼쳐 만 봄을 즐기고 서풍을 거두어 만 가을을 누립니다.

꿈도 없고, 생각도 없고, 잠이 꽉 들었을 때 주인공이 어디에서
안심입명(安心立命)하는고?

집집마다 청풍명월을 무진장 보내고

그대에게 온 천하를 무진장 홍대로 거두고 펼칩니다.

어떤 것이 마조 스님의 일면불(日面佛) 월면불(月面佛)인고?

그대에게는 온 전체로 달고 쓰고 신 것을 맛보게 하고

나에게는 낱낱이 짜고 싱겁고 매운 것을 즐기게 합니다.

어떤 것이 조불조사(祖佛祖師)를 초월한 운문 스님의 호떡인고?

낮에는 붉고 흰 꽃을 가리키고

밤에는 만 하늘에 만 해와 달을 굴립니다.

선(禪)이란?
관(觀)과 의심(疑心)과 각(覺)이 동시에 통째로 열림입니다.
관과 의심과 각이 동시에 통째로 바로 드러냄입니다.
관과 의심과 각이 동시에 통째로 바로 누림입니다.

선(禪)이란?
근원적 실존적 구경적 절대적 대공덕이요
근원적 실존적 구경적 절대적 대자비요
근원적 실존적 구경적 절대적 대보배요
근원적 실존적 구경적 절대적 대감로요
근원적 실존적 구경적 절대적 대풍요요
근원적 실존적 구경적 절대적 대광명입니다.

선(禪)이란?
안팎으로 참 정진이 충만해야 합니다.
안팎으로 참 지혜가 충만해야 합니다.
안팎으로 참 복력이 충만해야 합니다.
안팎으로 참 원력이 충만해야 합니다.
안팎으로 참 만행이 충만해야 합니다.
안팎으로 참 인욕이 충만해야 합니다.
안팎으로 참 인과가 충만해야 합니다.
안팎으로 참 인연이 충만해야 합니다.
안팎으로 참 시절이 충만해야 합니다.
안팎으로 참 도량이 충만해야 합니다.
안팎으로 참 깨침이 충만해야 합니다.
안팎으로 참 보림이 충만해야 합니다.
안팎으로 참 회향이 충만해야 합니다.

선(禪)이란?
나에 대한 참 봉사요
세상에 대한 참 봉사
부처님에 대한 참 봉사요
나와 세상과 부처님에 대한 안팎으로 다름이 없는 참 봉사입니다.

선(禪)이란?
절대적 대신심(大信心)이요
절대적 대분심(大憤心)이요
절대적 대의심(大疑心)이요
절대적 대공덕심(大功德心)입니다.
선(禪)이란?
첫째도 간절함이요
둘째도 간절함이요
셋째도 간절함이요

선(禪)이란?
첫째도 화두공안 일념입니다.
둘째도 화두공안 일념입니다.
셋째도 화두공안 일념입니다.

선(禪)이란?
첫째도 정진이요
둘째도 정진이요
셋째도 정진입니다.

선(禪)이란?
첫째도 절대적 실참궁구(實參窮究)입니다.
둘째도 절대적 실참궁구입니다.
셋째도 절대적 실참궁구입니다.

선(禪)이란?
어린아이 엄마 찾듯
어미가 잃은 자식 찾듯
목마른 자 물 찾듯
배고픈 자 밥 찾듯
그리운 사람 그리워하듯
보고픈 사람 보고파하듯
불구덩이에서 뛰쳐나오듯
발등에 불 끄듯, 머리 정수리에 불 끄듯
진흙 구덩이에서 빠져나오듯
감옥에서 탈출하듯
억울해서 분하듯
누명에서 벗어나듯
길 잃은 자 길 찾듯
길 가는 자 길 가듯
타향에서 고향으로 돌아오듯
거리에서 집으로 돌아오듯
어리석은 자 지혜를 구하듯
빈천한 자 부귀를 바라듯
병든 자 건강을 바라듯
시험보는 자 합격을 바라듯
실업자가 취업을 바라듯

보배 잃은 자 보배 찾듯
외로운 자 벗을 만나듯
사자와 호랑이가 만길 벼랑을 건너뛰듯
학과 봉황이 푸른 하늘을 훨훨훨 날 듯
풀잎마다 우담바라 꽃피듯
돌멩이마다 마니보주 쏟아지듯
복혜쌍수(福慧雙修)를 지어 이루면서 궁구하고, 궁구하고, 궁구해
야합니다.

선(禪)이란?
흐르는 강물처럼 유유하게
모이는 바다처럼 여여하게
태산준령같이 당당하게
은산철벽같이 부동하게
만길 벼랑 끝에 온 목숨 내던지듯
만리 파도 속에 달 비추듯
한 달빛이 만 세상을 비추듯
만 산, 만 강에 만 달이 가득하듯
타성일편(打成一片)이듯

파도가 물이요, 물이 파도이듯
캄캄한 그대로 밝도록
밝음 그대로 캄캄하도록
막힘 그대로 통하도록
통함 그대로 막힘이도록
매듭 그대로 풀어지듯

풀어짐 그대로 매듭이도록
깊은 잠 그대로 생시이듯
생시 그대로 깊은 잠이듯
죽음 그대로 살아있듯
살아있는 그대로 죽음이듯
만사만행(萬事萬行) 그대로 무사무행(無事無行)이듯
무사무행 그대로 만사만행이듯
폭풍. 한설 그대로 미풍. 이슬이듯
미풍. 이슬 그대로 폭풍 .한설이듯
풀잎 그대로 꽃피듯
꽃핌 그대로 풀잎이듯
마른가지 그대로 열매이듯
열매 그대로 마른가지이듯
검은 재 그대로 금가루이듯
금가루 그대로 검은 재이듯
돌 그대로 마니보주이듯
마니보주 그대로 돌이듯
맵새 그대로 봉황이듯
봉황 그대로 맵새이듯
지렁이 그대로 용이듯
용 그대로 지렁이듯
자라 그대로 사자이듯
사자 그대로 자라이듯
온 전체로 달고 낱낱이 쓰듯
낱낱이 달고 온 전체로 쓰듯
온 전체로 붉고 낱낱이 푸르듯
낱낱이 붉고 온 전체로 푸르듯

해와 달이 쌍으로 비추듯
평상심을 초월한 평상심으로
평상심을 초월하지 않는 평상심으로
평상심 그대로 평상심으로
궁구하고, 궁구하고, 궁구해야 합니다.

선(禪)이란?
아무 이유가 없습니다.
아무 까닭이 없습니다.
아무 조작이 없습니다.
아무 사심이 없습니다.
아무 감춤이 없습니다.
아무 간격이 없습니다.
아무 차별이 없습니다.
아무 얽매임이 없습니다.
아무 걸림이 없습니다.
아무 부족함이 없습니다.
아무 빈틈이 없습니다.
아무 흠이 없습니다.
아무 거짓이 없습니다.
아무 시비가 없습니다.
아무 분별이 없습니다.
아무 집착이 없습니다.
아무 애착이 없습니다.
아무 헤아림이 없습니다.
아무 뜻이 없습니다.
아무 반연(攀緣)이 없습니다.

아무 알음알이가 없습니다.
아무 머무름이 없습니다.
아무 물듦이 없습니다.
아무 속박이 없습니다.
아무 탈이 없습니다.
아무 대상이 없습니다.

선(禪)이란?
아무나 다 선입니다.
아무나 다 각입니다.
아무나 다 나입니다.
아무나 다 참입니다.
아무나 다 생명입니다.
아무나 다 주인입니다.
아무나 다 광명입니다.
아무나 다 감로입니다.
아무나 다 보배입니다.
아무나 다 풍요입니다.
아무나 다 아름다움입니다.
아무나 다 자유입니다.
아무나 다 평화입니다.
아무나 다 행복입니다.
아무나 다 자비입니다.
아무나 다 진리입니다.
아무나 다 불변입니다.
아무나 다 불멸입니다.
아무나 다 영원입니다.

아무나 다 법계입니다.
아무나 다 통합니다.
아무나 다 씁니다.
아무나 다 누립니다.

선(禪)이란?
온 전체로 캄캄해야 온 전체로 밝습니다.
온 전체로 죽어야 온 전체로 삽니다.
온 전체로 미해야 온 전체로 깨칩니다.

선(禪)이란?
성성적적(惺惺寂寂)이 차조동시요
밝고 어둠이 차조동시요
안과 밖이 차조동시요
앞과 뒤가 차조동시요
위와 아래가 차조동시요
펼치고 거둠이 차조동시요
멀고 가까움이 차조동시요
높고 낮음이 차조동시요
넓고 좁음이 차조동시요
깊고 얕음이 차조동시요
둥글고 모남이 차조동시요
날카롭고 무딤이 차조동시요
성글고 세밀함이 차조동시요
무겁고 가벼움이 차조동시요
열고 닫음이 차조동시요
감추고 드러냄이 차조동시요

움직이고 고요함이 차조동시요
머물고 떠남이 차조동시요
가고 옴이 차조동시요
나와 그대가 차조동시요
하나와 여럿이 차조동시요
온 전체와 낱낱이 차조동시요
살고 죽음이 차조동시요
깨치고 미함이 차조동시요
산하대지가 확연히 드러나듯
온 법계가 발밑에 펼치듯
삼라만상이 안팎으로 꼭 맞도록
스스로 한 치도 간격이 없도록
궁구하고, 궁구하고, 궁구해야 합니다.

선(禪)이란?
무명과 진여로 쌍차쌍조로 각이요
업식과 실상이 쌍차쌍조로 각이요
번뇌와 해탈이 쌍차쌍조로 각이요
망상과 삼매가 쌍차쌍조로 각이요
생사와 열반이 쌍차쌍조로 각이요
예토(穢土)와 정토(淨土)가 쌍차쌍조로 각이요
중생과 부처가 쌍차쌍조로 각이라
본래본각이 지금 이대로 본각으로 바로 무한히 명백한 참나로 확
철대오하고, 확철대오하고, 확철대오해야 합니다.

선(禪)이란?
　본래본각(本來本覺)의 우리 모두의 참 나인 구경각이 바로 즉시에

확철대오(確徹大悟)하고 확철대오해서 성불본불(成佛本佛)했다 해
도, 언제나 어느 때나 무한히 누리고 지켜야 함이거늘,
 계속 동정일여에도 쌍차쌍조로 여여부동하게 정진함이요
 계속 몽중일여에도 쌍차쌍조로 여여부동하게 정진함이요
 계속 숙면일여에도 쌍차쌍조로 여여부동하게 정진함이요
 계속 타성일여에도 쌍차쌍조로 여여부동하게 정진함이요
 계속 오매일여에도 쌍차쌍조로 여여부동하게 정진함이요
 계속 생사일여에도 쌍차쌍조로 여여부동하게 정진함이요
 계속 입태일여에도 쌍차쌍조로 여여부동하게 정진함이요
 계속 윤회일여에도 쌍차쌍조로 여여부동하게 정진함이요
 계속 만행일여에도 쌍차쌍조로 여여부동하게 정진함이요
 계속 중생일여에도 쌍차쌍조로 여여부동하게 정진함이요
 계속 성불일여에도 쌍차쌍조로 여여부동하게 정진함이요
 계속 본불일여에도 쌍차쌍조로 여여부동하게 정진함이요

선(禪)이란?
산에는 산이 있고 물에는 물이 있습니다.
산을 보면 산이 되고 물을 보면 물이 됩니다.
산을 흥대로 세우고 물을 흥대로 펼칩니다.

선(禪)이란?
누구나 온 전체로 낱낱이 절대무한 청정법신 비로자나불입니다.
누구나 온 전체로 낱낱이 절대무한 원만보신 노사나불입니다.
누구나 온 전체로 낱낱이 절대무한 천백억화신 석가모니불입니다.

선(禪)이란?
영원한 절대 현재 지금 이대로 입니다.

언제나 지금 이대로 다시 더한 것이 없습니다.
언제나 지금 이대로 다시 덜한 것이 없습니다.
언제나 지금 이대로 다시 보탤 것이 없습니다.
언제나 지금 이대로 다시 뺄 것이 없습니다.
언제나 지금 이대로 다시 얻을 것이 없습니다.
언제나 지금 이대로 다시 잃을 것이 없습니다.
언제나 지금 이대로 다시 다함이 없습니다.
언제나 지금 이대로 다시 남음이 없습니다.
언제나 지금 이대로 다시 깨칠 것이 없습니다.
언제나 지금 이대로 다시 미할 것이 없습니다.

선(禪)이란?

마침내 본래대로 언제나 어느 때나 영겁(永劫)전이나, 영겁 지금
이나, 영겁 후에도 온 전체로 낱낱이 원융무애하고, 활발발(活潑潑)
하게 낱낱이 온 전체로,

지금 이대로 돈오돈수와 돈오점수를 초월한 돈오돈수의 돈오돈수
와 돈오점수의 열린 보림으로,

부처행으로 간격 없이 쌍차쌍조의 항사묘용을 자유자재하게 일체
중생과 일체부처가 똑같이 꼭 맞게 한바탕으로 복혜쌍수(福慧雙修)
를 풍요롭게 펴면서,

자성실체(自性實體) 자성실용(自性實用)의 자성연기(自性緣起)와
자성중도(自性中道)로 자성본불(自性本佛)의 자성진여(自性眞如)와
자성실상(自性實相)의 자성실존(自性實存)인 자성법계(自性法界)로
본불본락(本佛本樂), 본불진락(本佛眞樂), 본불무애(本佛無碍)의 참
나로, 무한한 우리 모두의 나와 우리 모두의 각과 우리 모두의 선을
한결같이 영원한 근원적, 실존적, 구경적 절대현재의 참 생명으로,
온 세상과 온 우주와 온 법계의 보편적 살림살이를 남김없이 다함

없이 흥대로 본행(本行)을, 부처행을 누리는 것입니다.

그래서 필경 우리 모두의 나는 나로서 서로 함께 열리어 자성불이요, 본래불이요, 절대불입니다.

홀로 서로 통해 다함께 자등명(自燈明) 법등명(法燈明) 입니다.

하!

이제 여러분은 알겠습니까?

하!

필경 어떤 것이 정녕 선입니까?

사자는 만길 벼랑 끝을 달리며 계수열매를 뿌리고, 고래는 만리 파도를 타며 산호열매를 거둡니다!

하!

참(眞)

참(眞)이란?

나입니다.

내가 나로 오로지 나입니다.

내가 나로 오로지 바로 나를 찾고

내가 나로 오로지 바로 나를 보고

내가 나로 오로지 바로 나를 만나고

내가 나로 오로지 바로 나를 드러내고

내가 나로 오로지 바로 나를 지키고

내가 나로 오로지 바로 나를 열고

내가 나로 오로지 바로 나를 쓰고

내가 나로 오로지 바로 나를 누립니다.

내가 나로 오로지 바로 나를 찾고, 보고, 만나고, 드러내고, 지키고, 열고, 쓰고, 누리는 것이 한 터럭도 차이가 없습니다.

내가 나로 오로지 바로 나이기 때문에 안팎으로 꽉 차서 더 보탤 것도, 더 뺄 것도 없습니다.

내가 나로 오로지 바로 나이기 때문에 안팎으로 꽉 차서 더 이대로 나 아닌 것이 없습니다.

내가 나로 오로지 바로 나이기 때문에 안팎으로 꽉 차서 온 전체로 나 아닌 것이 없습니다.

내가 나로 오로지 바로 나이기 때문에 안팎으로 꽉 차서 낱낱이 나 아닌 것이 없습니다.

내가 나로 오로지 바로 나이기 때문에 안팎으로 꽉 차서 나와 각(覺)과 선(禪)이 간격이 없습니다.

내가 나요, 내가 각이요, 내가 선입니다.

내가 나로 오로지 바로 나이기 때문에 안팎으로 꽉 차서 나와 각과 선이 간격이 없습니다.

내가 나로 오로지 바로 나이기 때문에 안팎으로 꽉 차서 나와 각과 선을 한바탕으로 청정무구하게, 원융무애하게, 차조동시하게, 항사묘용하게, 원만구족하게 자유자재로, 무애자재 활발자재로, 영원한 절대 현재로, 여여부동하게 평상심으로 무한히 흥대로 누립니다.

참이란?

내가 작용을 하면 생이요
내가 작용을 거두면 멸입니다.

작용이 생이요 멸이지, 나는 생멸이 아닙니다.

작용은 내가 하는 것이지 나를 떠나 따로 한 것이 없기에 나를 여의지 않아 생멸 또한 나입니다.

그러나 생멸은 나의 바탕에서 일어나고 꺼지는 작용일 뿐, 근본 나는 아닙니다.

그렇다고 생멸 또한 나를 여의지 않고 누리는 작용이니, 나 아니라고도 할 수 없습니다.

즉 나는 불생불멸로서의 영원한 절대 생명인 나로 상주법계 하면서 생멸을 자유자재로 씁니다.

내가 작용을 하면 유요, 내가 작용을 거두면 무입니다.

작용이 유요 무지, 나는 유무가 아닙니다.

작용은 내가 하는 것이지 나를 떠나 따로 한 것이 없기에 나를 여의지 않아 유무 또한 나입니다.

그러나 유무는 나의 바탕에서 일어나고 꺼지는 작용일 뿐, 근본 나는 아닙니다.

그렇다고 유무 또한 나를 여의지 않고 누리는 작용이니, 나 아니라고도 할 수 없습니다.

 즉 나는 불유불무(不有不無)로서의 영원한 절대 생명인 나로 상주 법계 하면서 유무를 자유자재로 씁니다.

 내가 작용을 하면 색이요, 내가 작용을 거두면 공입니다.

 작용이 색이요 공이지, 나는 색공이 아닙니다.

 작용은 내가 하는 것이지 나를 떠나 따로 한 것이 없기에 나를 여의지 않아 색공 또한 나입니다.

 그렇다고 색공 또한 나를 여의지 않고 누리는 작용이니, 나 아니라고도 할 수 없습니다.

 즉 나는 색도 아니요 공도 아니면서 영원한 절대생명인 나로 상주 법계 하면서 색공을 자유자재로 씁니다.

 내가 작용을 하면 시간이요, 내가 작용을 거두면 공간입니다.

 작용이 시간이요 공간이지, 나는 시간과 공간이 아닙니다.

 작용은 내가 하는 것이지 나를 떠나 따로 한 것이 없기에 나를 여의지 않아 시간과 공간 또한 나입니다.

 그러나 시간과 공간은 나의 바탕에서 일어나고 꺼지는 작용일 뿐, 근본 나는 아닙니다.

 그렇다고 시간과 공간이 나를 여의지 않고 누리는 작용이니, 나 아니라고도 할 수 없습니다.

 즉 나는 시간도 아니요 공간도 아니면서 영원한 절대생명인 나로 상주법계하면서 시간과 공간을 자유자재로 씁니다.

내가 작용을 하면 시작이요, 작용을 거두면 끝입니다.

 작용이 시작이요 끝이지, 나는 시작과 끝이 아닙니다.

 작용은 내가 하는 것이지 나를 떠나 따로 한 것이 없기에 나를 여의지 않아 시작과 끝은 나입니다.

그러나 시작과 끝은 나의 바탕에서 일어나고 꺼지는 작용일 뿐, 근본 나는 아닙니다.

그렇다고 시작과 끝이 나를 여의지 않고 누리는 작용이나, 나 아니라고도 할 수 없습니다.

즉 나는 시작도 아니요 끝도 아니면서 영원한 절대생명인 나로 상주법계 하면서 시작과 끝을 자유자재로 씁니다.

바다에 물결이 일어남은 생이요, 물결이 꺼짐은 멸입니다.

물결이 생이요 멸이지, 바다는 생멸이 아닙니다.

물결은 바다가 하는 것이지 바다를 떠나 따로 한 것이 없기에 바다를 여의지 않아 생멸 또한 바다입니다.

그러나 생멸은 바다의 바탕에서 일어나고 꺼지는 물결일 뿐, 근본 바다는 아닙니다.

그렇다고 생멸 또한 바다를 여의지 않고 누리는 물결이니, 바다가 아니라고도 할 수 없습니다.

즉 바다는 불생불멸로서의 영원한 절대생명인 바다로 상주법계 하면서 생멸인 물결을 자유자재로 씁니다.

바다가 물결이요, 물결이 바다이면서 안팎으로 바다로서, 물결이 일어나든 꺼지든 바다는 항상 여여부동하게 푸릅니다.

바다에 물결이 일어남은 유요, 물결이 꺼짐은 무입니다.

물결은 바다가 일으킨 것이지 바다를 떠나 따로 한 것이 없기에 바다를 여의지 않아 유무 또한 바다입니다.

그러나 유무는 바다의 바탕에서 일어나고 꺼지는 물결일 뿐, 근본 바다는 아닙니다.

그렇다고 유무 또한 바다를 여의지 않고 누리는 물결이니, 바다 아니라고도 할 수 없습니다.

 즉 바다는 불유불무로서의 영원한 절대생명인 바다로 상주법계 하면서 유무인 물결을 자유자재로 씁니다.

 바다가 물결이요, 물결이 바다이면서 안팎으로 바다로서 물결이 일어나든 꺼지든 바다는 항상 여여부동하게 푸릅니다.

 바다에 물결이 일어남은 색이요, 물결이 꺼짐은 공입니다.

 물결이 색이고 공이지, 바다는 색공이 아닙니다.

 물결은 바다가 하는 것이지 바다를 떠나 따로 하는 것이 없기에 바다를 여의지 않아 색공 또한 바다입니다.

 그러나 색공은 바다의 바탕에서 일어나고 꺼지는 물결일 뿐, 근본 바다는 아닙니다.

 그렇다고 색공 또한 바다를 여의지 않고 누리는 물결이니 바다 아 니라고도 할 수 없습니다.

 즉 바다는 불색불공(不色不空)으로서의 영원한 절대생명인 바다로 상주법계 하면서 색공인 물결을 자유자재로 씁니다.

 바다가 물결이요, 물결이 바다이면서 안팎으로 바다로서 물결이 일어나든 꺼지든 바다는 항상 여여부동하게 푸릅니다.

 바다의 물결이 일어남은 시간이요, 물결이 꺼짐은 공간입니다.

 물결이 시간이요 공간이지, 바다는 시간과 공간이 아닙니다.

 물결은 바다가 일으킨 것이지, 바다를 떠나 따로 있는 것이 없기 에 바다를 여의지 않아 시간과 공간 또한 바다입니다.

 그러나 시간과 공간은 바다의 바탕에서 일어나고 꺼지는 물결일 뿐, 근본 바다는 아닙니다.

 그렇다고 시간과 공간 또한 바다를 여의지 않고 누리는 물결이니 바다 아니라고도 할 수 없습니다.

즉 바다는 시간도 아니요 공간도 아님으로서의 영원한 절대생명
인 바다로 상주법계 하면서 시간과 공간인 물결을 자유자재로 씁
니다.

바다가 물결이요, 물결이 바다이면서 안팎으로 바다로서 물결이
일어나든 꺼지든 항상 여여부동하게 푸릅니다.

바다에 물결이 일어나면 시작이요, 물결이 꺼지면 끝입니다.
물결이 시작이요 끝이지, 바다는 시작과 끝이 아닙니다.
물결은 바다가 일으킨 것이지 바다를 떠나 따로 있는 것이 없기에
바다를 여의지 않아 시작과 끝은 또한 바다입니다.

그러나 시작과 끝은 바다의 바탕에서 일어나고 꺼지는 물결일 뿐,
근본 바다는 아닙니다.

그렇다고 시작과 끝이 바다를 여의지 않고 누리는 물결이니 바다
아니라고도 할 수 없습니다.

즉 바다는 시작도 아니요 끝도 아님으로서 영원한 절대생명인 바다
로 상주법계 하면서 시작과 끝을 자유자재로 씁니다.

바다로 물결이요 물결이 바다이면서 안팎으로 바다로서 물결이
일어나든 꺼지든 항상 여여부동하게 푸릅니다.

참이란?

나는 자성이요, 불성이요, 진여요, 실상이요, 법계입니다.

석가모니 부처님께옵서는

다 함께 서로 열린 스스로 나인 자성, 불성, 진여, 실상, 중도, 법
계를 깨치시고 무궁무진하게 자등명 법등명을 펼치신 것입니다.

즉 근원적, 본래적, 영원적, 창조적, 절대적인 스스로인 나인 자성
은 자등명 법등명으로서 무궁무진하게 흥대로 여여부동 상주법계

해서 쌍차쌍조하고 항사묘용 해서 절대적 실상을 누리는 것입니다.

 그러니 스스로 절대적으로 존재하는 나인 자성은 유무가 아닙니다. 유무를 초월한 절대 영원한 생명인 펄펄펄 살아있는 자성으로서의 작용인 자성연기로서의 유무일 뿐, 근본 나인 자성은 유무가 아닙니다.
 즉 일체를 초월한, 일체를 탈각한, 일체를 창조하는 주인으로서의 자성인 내가 유무를 쓸 뿐입니다.

 그런데 어떤 분들은 무자성이니, 유자성이니, 무아니, 유아니, 무심이니, 유심이니, 무주니, 유주니, 무념이니, 유념이니, 무시니, 유시니, 무종이니, 유종이니, 무상이니, 유상이니, 상대적 개념으로 떨어져 착각해서는 안 됩니다.
 더구나 나의 실체는 무자성이라고 주장하시는 분들은 다시 진지하게 실참 궁구하시길 바랍니다.
 무에 떨어져 무기공(無記空)에 빠져 무정물(無精物)이 되어서는 안 되겠습니다.

 또한 단견(斷見:일체 생각과 모양이 없어 끊어진 견해)에 떨어져서 인과를 무시하거나 윤회를 부정하며 막식막행(莫食莫行)해서 스스로 쇠사슬이 되어서는 안되겠습니다.
 또한 유에 끄달려서 상견(常見:일체 생각과 모양이 있어 계속되는 견해)를 일으켜 혼침에 빠져 스스로 귀신굴에 헤매어서는 아니 되겠습니다.
 무자성, 유자성을 초월한 본래로 실재한 나의 자성, 불성, 진여, 실상, 중도, 법계는 항상 상주법계해서 무한히 청정무구하게 쌍차쌍조하고 항사묘용 하는 것입니다.

지극히 신령스러운 여여부동한 자성의 바탕에서 자성의 작용인 자성연기로 유무를 홍대로 자유자재하게 중도를 누리는 것입니다.

참 나, 참 자성, 참 불성, 참 진여, 참 실상, 참 중도, 참 법계인 것입니다.

또한 색공을 초월한 절대 영원한 생명인 펄펄펄 살아있는 자성으로서의 작용인 자성연기로서의 색공일 뿐, 즉 나인 자성은 색공이 아닙니다.

그런데 어떤 분들은 색공을 상대적으로 생각해서 나의 실체는 공이니 공을 증득해야 하며 부처님은 공을 깨치시고 공을 설한 것이라고 주장하시는데 착각입니다.

공에 떨어져서 무기공에 빠져 무정물이 되어서는 안되겠습니다.

또한 단견에 떨어져서 인과를 무시하거나 윤회를 부정해서 막식 막행해서 스스로 나찰이 되어서는 아니 되겠습니다.

색공을 초월한 본래로 실재한 나인 자성, 불성, 진여, 실상, 중도, 법계는 항상 상주법계 해서 무한히 청정무구하게 쌍차쌍조하고 항사묘용하는 것입니다.

지극히 신령스러운 여여부동한 자성의 바탕에서 자성의 작용인 자성연기로 색공을 홍대로 자유자재하게 중도를 누리는 것입니다.

참 나, 참 자성, 참 불성, 참 진여, 참 실상, 참 중도, 참 법계인 것입니다.

또한 생멸을 초월한 절대 영원한 생명인 펄펄펄 살아있는 자성으로서의 작용인 자성연기로서의 생명일 뿐, 즉 나의 자성은 생멸이 아닙니다.

그러니 생멸에 빠져 스스로 혼탁해서는 아니 되겠습니다.

우리 모두의 서로 열린 스스로 나인 자성, 불성, 진여, 실상, 중도 법계로서의 불생불멸의 무한한 생명의 주인으로 윤회를 자유자재하게 생멸을 흥대로 쓰는 것입니다.

즉 생멸을 초월한 본래로 실재한 나인 자성, 불성, 진여, 실상, 중도, 법계는 항상 상주법계해서 무한히 청정무구하게 쌍차쌍조하고 항사묘용하는 것입니다.

지극히 신령스러운 여여부동한 자성의 바탕에서 자성의 작용인 자성연기로의 생멸을 자유자재하게 쓰는 것입니다.

참 나, 참 자성, 참 불성, 참 진여, 참 실상, 참 중도, 참 법계인 것입니다.

참이란?

부처님께옵서 세상에 태어나자마자 사방으로 일곱 걸음 걸으면서 '하늘 위나 하늘 아래나, 홀로 가장 높고 존귀하다[天上天下 唯我獨尊]' 하셨습니다.

부처님께옵서 출가하셔서 육년 고행 끝에 다시 보리수나무 아래에서 일주일 용맹정진 끝에 새벽별을 보시고 깨친 첫 말씀이 "일체중생이 이미 일체 공덕을 다 갖춘 불성(자성)이 있구나."하셨습니다.

부처님께옵서 49년 동안 팔만사천법문을 설하시고 마지막 유훈으로 "자등명 법등명 하라." 하셨습니다.

하!

이제 여러분 알겠습니까?

하!

필경 어떤 것이 참입니까?

스스로 해와 달로 온 나를 흥대로 이루고
다함께 산과 물로 온 법계를 흥대로 누립니다.

하!

 # 공부

그대가 불생불멸로 온 그대를 무한히 이루고
그대가 무명진여로 온 그대를 무한히 열고
그대가 미오쌍차로 온 그대를 무한히 드러내고
그대가 성적묘용으로 온 그대를 무한히 누리구나
그대가 진아실상으로 온 법계를 무한히 이루고
그대가 삼매해탈로 온 법계를 무한히 열고
그대가 여여부동으로 온 법계를 무한히 드러내고
그대가 상주상락으로 온 법계를 무한히 누리구나

알겠느냐?

그대가 언제나 해와 달을 쑥차로 마시고
그대가 언제나 산과 물을 꽃떡으로 난발구나

하!

공부란 무엇입니까?

고래는 바다로 보내고 사자는 잣나무 골로 보내구나

이 뭣고 화두는 무엇입니까?

그대는 그대에게 맡기고 천하는 천하에 맡겨 그대와 천하를 마음대
로 행하구나

삼서근 화두는 무엇입니까?

발바닥마다 산과 물을 펼치고 손바닥마다 해와 달을 굴리구나

부처님은 일체중생에게 불성이 있다 했는데 조주스님은 어찌해서 개에게는 불성이 없다 했습니까?

동풍을 열어 옛 봄을 전하게 하고 서풍을 거두어 훗 가을을 즐기게
하구나

법을 묻는 이에게 임제스님은 할(고함치기)로 제접하고, 덕산스님은 방(몽둥이질)으로 제접하고, 구지스님은 손가락 하나로 제접하고, 조주스님은 차 한 잔으로 제접했는데 스님은 무엇으로 수행자를 제접합니까?

하!

스님의 가풍은 어떤 것입니까?

앉은 채로 온 법계를 홍대로 이루고, 사바와 극락을 홍대로 펼친다. 해와 달을 굴리며 중생과 부처를 자유롭게 하고, 산과 물을 펼치면서 산호열매 계수열매 끝없이 뿌린다.

견성이면 다 된 것입니까?

견성을 지킬 줄 알고, 쓸 줄 알고, 누릴 줄 알아야 한다.

구체적으로 어떻게 해야 합니까?

스스로 자기를 바로 보고, 바로 계합하고, 바로 드러내어서 자기본각 경계가 동정일여, 몽중일여, 숙면일여, 오매일여, 미오일여, 명암일여, 생사일여, 입태일여, 출태일여, 육도일여, 만행일여, 일상일여의 자수용삼매로서 안팎으로 내외명철하고 쌍차쌍조하여 일체중생과 일체부처가 온 전체로 낱낱이 똑같이 여여부동으로 항사묘용으로 중도실상의 대 해탈인 본래대로 본불본락, 본불진락, 본불무애자재 해야 한다.

스스로 바로 보아 이르지 못하면 어떻게 해야 합니까?

복혜쌍수로 이렇게 되도록 수행정진 해야 한다.

수행에는 점차가 있습니까?

본각은 점차가 없지만 근기에는 점차가 있다.

본각이 구경각입니까?

그렇다. 그러나 본각 구경각도 초월해야 비로소 본각 구경각이다.

돈오돈수가 구경각입니까?

아니다.

돈오점수가 구경각입니까?

아니다.

무엇이 구경각의 본각입니까?

돈오점수도 초월하고 돈오돈수도 초월해서 돈오점수와 돈오돈수를 똑같이 홍대로 열어 구경각의 본각도 초월해서 이대로 자유자재하게 안팎으로 청정무구하고 풍요롭게 무한히 나로 누리는 것이다.

오후 수행이라는 것은 무엇입니까?

오후 수행이야말로 참으로 중요하다. 즉 확철대오의 견성성불을 지키고 쓰고 누리는 것을 보림이라 하고, 부처의 행이라 하고, 본행이라 하고, 본각 구경각이라 한다.
다시 말하면 본각 구경각을 나로 지키고 쓰고 누리는 공부다.

어떻게 공부해야 합니까?

선근공덕을 끝없이 지으면서 화두를 여여부동하게 쉼 없이 성성적적 적적성성하게 강물 흐르듯 유유하게, 어린자식 어머니 생각하듯 간절하게 궁구해야 한다.

깨치기 전과 후에 드는 화두의 성격은 어떠합니까?

똑같은 화두라도 깨치기 전의 화두는 깨침을 위한 화두요, 깨친 후의 화두는 깨침을 누리는 화두다. 화두 그 자체는 똑같다.

필경 어떻게 되어야 공부를 다 마치는 것입니까?

무명업식을 진여실상으로 흥대로요
번뇌망상을 삼매해탈로 흥대로요
생노병사를 무여열반으로 흥대로요
육도윤회를 상락아정으로 흥대로요
성주괴공을 여여부동으로 흥대로라.
즉 중생과 부처를 똑같이 초월하고
시간과 공간을 똑같이 초월해서
중생과 부처를 똑같이 드러내고
시간과 공간을 똑같이 펼치면서
안팎으로 내외명철하고 쌍차쌍조하고 항사묘용하여 청정무구하고
풍요롭게
이 마음, 이 몸, 이 세상 이대로 무한히 자유자재로 다함께 나로
평화롭게
행복하게 누리는 것이다.

어떤 것이 불성입니까?

아야! 아야! 아야!

어떤 것이 삼매입니까?

달고 쓰다.

어떤 것이 부처입니까?

그대다.

중생들도 이러하지 않습니까?

그렇다.

그렇다면 중생이 어찌 부처입니까?
따로 중생이 없기 때문이다.

부처는 어찌 중생입니까?
따로 부처가 없기 때문이다.

그런데 어찌 부처와 중생이 나뉘어졌습니까?
그대가 그대를 착각했기 때문이다.

그렇다면 어찌해야 합니까?
그대가 그대를 참각해야 한다.

어떻게 참각해야 합니까?
바로 보고 바로 누린다.

어떤 것이 바로 보고 바로 누리는 것입니까?
눈썹털이다.

모르겠습니다.
일면불 월면불이다.

모르겠습니다.
모르면 해와 달이요 알면 산과 물이다.

모르겠습니다.

모르는 것이 무엇인고?

모르겠습니다.

모르는 그 속으로 당장 들어가라.

오로지 모를 뿐입니다.

오로지 모르는 그것을 당장 보라.

모르는 이외에 딴 것이 없습니다.

그렇다. 바로 그것이 그대가 그대뿐인 알고 모름이 따로 없는 부처와 중생이 따로 없는 그대의 참나인 본나를 찾은 것이다. 즉 마음을 바로 가리켜 성품을 보게 해서 부처를 이룬다는 견성성불이요, 그대의 본(本)나로 돌아온 견성본불이다.

그대가 그대를 보고 그대가 그대를 계합한 그대 본성품인 무명 그대로 진여요 진여 그대로 무명인 중생 그대로 부처요 부처 그대로 중생인 본래 나인 본래 부처인 본나본불인 것이다.

직광직조요, 직견직행이요, 즉견여래요, 즉현즉불이다.

필경 어떤 것이 견성성불인 본나본불입니까?

하하하.

어찌해서 그러합니까?

고기는 물로 보내고, 새는 숲 속으로 보내구나.

어찌해서 그러합니까?

고기 스스로 물이요, 새 스스로 숲이구나.

고기 스스로 물이요, 새 스스로 숲이거늘

어찌해서 중생 그대로 부처인 본나를 모릅니까?

스스로 취했구나.

무엇을 취했습니까?

부처가 부처에 취했고 중생이 중생에 취했구나.

필경 어찌해야 합니까?

다함께 따로 없구나.

어째서 그러합니까?

스스로 딴 뜻이 없구나.

어째서 그러합니까?

붉은 것은 온 전체로 붉구나.

또한 어째서 그러합니까?

흰 것은 낱낱이 희구나.

또한 어째서 그러합니까?

단 것은 온 전체로 달구나.

또한 어째서 그러합니까?

쓴 것은 낱낱이 쓰구나.

또한 어째서 그러합니까?

그대가 보구나.

또한 어째서 그러합니까?

그대가 듣는구나.

또한 어째서 그러합니까?

나와 내가 언제나 무엇이든 꼭 맞구나.

또한 어째서 그러합니까?

그대가 그대구나.

또한 어째서 그러합니까?

그대가 목마르니 그대가 물 마시는 구나.

필경 무엇입니까?

그대가 해와 달을 띄우고 산과 물을 펼치면서 온 세상을 나로 밝혀 누리는구나.

필경 어떤 것이 중생 그대로 부처인 본나를 누리는 것입니까?

그대가 엉엉엉 울구나.

필경 어째서 그러합니까?

그대와 그대가 다르지 않구나.

필경 또한 어째서 그러합니까?

어디에도 의지함이 없구나.

필경 본각 구경각인 본나본불은 무엇입니까?

그대가 중생과 부처를 홍대로 자유구나.

필경 어째서 그러합니까?

무명이 진여요, 진여가 무명이구나.

또한 어째서 그러합니까?

캄캄하면 밝고 밝으면 캄캄하다.

또한 어째서 그러합니까?

생시면 잠이요 잠이면 생시다.

또한 어째서 그러합니까?

죽어야 산 것이요 살아야 죽은 것이다.

또한 어째서 그러합니까?

미하면 깨치고 깨치면 미하다.

또한 어째서 그러합니까?

모르면 알고 알면 모른다.

또한 어째서 그러합니까?

그대와 그대가 그대구나.

또한 어째서 그러합니까?

산은 산으로 해와 달이구나.

또한 어째서 그러합니까?

물은 물로 해와 달이구나.

필경 어째서 그러합니까?

그대가 해와 달이구나.

필경 또한 어째서 그러합니까?

그대가 좋으니 그대가 웃는구나.

필경 무엇입니까?

그대가 해와 달을 띄우고 그대가 산과 물을 펼치고
그대가 다함께 꼭 맞아서 그대가 온 법계 온 세상을 흥대로구나.

평상심이란 무엇입니까?

평상심을 초월해야만 참으로 평상심이다.

필경 무엇입니까?

그대 속눈썹털 속에 붉고 흰 꽃이구나.

또한 어째서 그러합니까?

달고 쓰고 시고 맵구나.

지금의 경계는 어떠하십니까?

그대에게 눈먼 나귀를 끌게하고 사자와 호랑이를 울부짖게 하구나.

큰스님마다 법문을 하시면서 주장자를 내리치는데 무슨 뜻입니까?

주장자다.

큰스님마다 법문을 끝마치면서 할을 하시는데 무슨 뜻입니까?

할이다.

덕산 큰스님의 방망이는 무엇입니까?

학을 날리고 봉황을 거두구나.

임제 큰스님의 할은 무엇입니까?

산호열매를 거두고 계수열매를 뿌리구나.

조주 큰스님의 찻다는 무엇입니까?

붉은 꽃은 온 전체로 붉고 흰 꽃은 낱낱이 희구나.

만산 만강물이 동쪽으로 향했구나.

강남 강북에도 달은 밝구나.

그대가 꽃과 열매를 이루고 온 세상을 풍요케 하구나.

부처에게도 머물지 말고 중생에게도 머물지 말고 중생과 부처를 동
시에
청정무구하게 원융무애하게 홍대로 쓰고 펼치고 누리면서 계속 정진
해야 한다.

스스로 불성은 본래로 무명과 진여를 초월했지만 또한 동시에 무명
과 진여를 함께한지라 머물면 중생에 빠지고 부처에 빠져서 헤맨다.

미하고 깨침을 초월한 미하고 깨침이 동시에 나로 깨어있고
캄캄하고 밝음을 초월한 캄캄하고 밝음이 동시에 나로 깨어있고
살고 죽음을 초월한 살고 죽음이 동시에 나로 깨어있고
알고 모름은 초월한 알고 모름이 동시에 나로 깨어있고
잠들고 잠깸을 초월한 잠들고 잠깸이 동시에 나로 깨어있고

유와 무를 초월한 유와 무를 동시에 나로 깨어있고
색과 공을 초월한 색과 공을 동시에 나로 깨어있고
시간과 공간을 초월한 시간과 공간을 동시에 나로 깨어있고
시작과 끝을 초월한 시작과 끝을 동시에 나로 깨어있고
무명과 진여를 초월한 무명과 진여를 동시에 나로 깨어있어야 한다.
그래야만 항상 자각이 수반된 평상심인 나로 중생과 부처를 초월해서 중생과 부처를 동시에 홍대로 끝없이 여여부동하게 누리지만, 그렇지 못하면 스스로 치우쳐 양변에 떨어져 부처로서 중생놀음하고 중생으로서 부처놀음하며 번갈아 미했다 깨쳤다, 깨쳤다 미했다 계속 되풀이한다.

예로부터 제방의 조실스님 큰스님들께서는 구경각을 이루어 견성성불하면 두 번 다시 미하지 않는다고 하셨는데
스님께서는 어찌하여 부처가 되어도 미한다 하십니까?

두 번 다시 미하지 않는 것이 부처라면 본래 부처인 우리는 지금 왜 미해서 중생놀음하고 있느냐?
이 점을 분명히 명확히 살펴보아야 한다.
우리 불성자리의 체용이 본래로 무명과 진여가 동시이기 때문에 중생 그대로 부처요, 부처 그대로 중생이라 양변을 초월해서 양변을 동시에 누리지 않으면 한 생각에 치우쳐 양변에 떨어져 부처로서 중생에 빠지고 중생으로서 부처에 빠져 번갈아 미하고 깨침을 되풀이한다.
그러므로 미함과 깨침을 초월한 미함과 깨침을 동시에 쓰고 펼치고 누리는 나로 항상 깨어있으므로 서의 정진이 끝없어야 한다.
영겁불퇴전의 직광직조, 직견직행, 본광본조, 본견본행의 견성성불 견성본불 본불본행이 항상 나로 수반되어야 한다.
다시 말하자면 나의 근원 불성의 내용이 본래로 무명과 진여가 동시

이기 때문에 문득 한 생각 치우쳐 미해 무명인 중생놀음 하다가도 홀연히 한 생각 바로 깨쳐 진여인 부처놀음 한다.

본래 진여이기에 다시 진여의 부처놀음 하다가도 또한 본래 무명이기에 문득 한 생각 미해 무명의 중생놀음 다시 하면서 번갈아 중생에서 부처로 부처에서 중생으로 깨쳤다 미했다, 미했다 깨쳤다 되풀이 한다.

이를 극복하기 위해서는 본래로 동시인 무명과 진여를 초월해서 본래로 동시인 무명과 진여를 동시에 쓰고 누리는 나로 항상 깨어있어야 하므로 영겁불퇴전의 깨어있음의 정진이 항상 있어야 한다는 것이다.

하!

그래서 차조동시요 쌍차쌍조요 상적상조요 적광보조요 대기대용이요 항사묘용이요 여여부동이요 만고광명인 것이다.

하!

이것이 불생불멸의 영원한 근원적 생명을 중도실상의 나로 홍대로 자유자재로
원융무애하게 쓰고 누리는 일상사요 수행이요 참 부처행인 것이다.

하!

참으로 위대한 선승이요, 옛 부처요, 옛 조사임엔 틀림이 없다.

퇴옹 성철 큰스님의 선사상에 적잖은 영향을 받으신 것 같은데요?

그렇다면 후학으로서 참으로 영광이지만 나는 나대로의 수행자로서의 스스로 체험이요, 실참이다. 이 체험이, 실참이 같을 수도 있고 다를 수도 있다.

어떤 것이 같을 수도, 다를 수도 있습니까?

퇴옹 성철 큰스님은 화두가 동정일여, 몽중일여, 숙면일여, 오매일여에서 크게 죽어서 크게 살아나 돈오돈수로 확철대오해서 돈오돈수가 구경각이요, 구경각이 견성성불이라 하셨다. 그리고 오후보림이 대무심지의 깨어있음이 부처행이라고 하셨다. 즉 견성성불이란 불생불멸하고 상주법계해서 원융무애하고 항사묘용하고 쌍차쌍조한 중도실상으로 무한한 대무심지로 깨어있음의 영원히 매하지 않는 부처행을 한다고 하셨다. 그리고 돈오점수는 해오라고 배척했다.

스님께서는 어떠한 것입니까?

지금 이대로 바로 보고 바로 누림인 온 마음, 온 몸, 온 법계, 온 화두와 온 돈오돈수와 온 돈오점수를 하나로 녹인 지금 이대로 확철대오한 본각인 자각의 자수용삼매로서 대해탈인 동정일여, 몽중일여, 숙면일여, 오매일여, 미오일여, 명암 일여, 생사일여, 입태일여, 출태일여, 윤회일여, 만행일여, 일상일여를 원융무애하고 항사묘용하고 쌍차쌍조한 중도실상으로 다함께 서로 오로지 본나로 계합되어 안팎으로 내외명철하게 깨어 드러난 것이 견성성불이며 견성본불이다.

이를 지키고 펼치고 쓰고 누리는 것이 영겁불매의 불퇴전의 오후보림이며 부처행이다. 즉 견성성불이란 지금 이대로 본불로서의 불생불멸의 절대 무한생명으로서 다함께 서로 열린 서로 오로지 본나로 상주법계해서 무명진여를 한바탕으로 생멸을 자유로이, 유무를 자유로이, 색공을 자유로이, 시공을 자유로이, 시종을 자유로이 원융무애하고 항사묘용하고 쌍차쌍조한 상적상조의 중도실상으로 여여부동 무한한 부처행을 하는 것이다.

일체를 초월한 나와 일체를 초월하지 않은 나가 하나로 자각된 자수용삼매로서의 대해탈인 이대로 본나, 본각, 본행이 참으로 견성성불인 견성본불의 구경각인 것이다.

하!

즉 중생과 부처가 한바탕인 본나, 본각, 본행, 본낙이듯이 본나 본바탕의 입장에서 육조혜능조사와 신수조사를 같이 보고 같이 누리고, 퇴옹 성철 큰스님과 보조국사를 같이 보고 같이 누릴 때 모든 부처님의 정심이요, 명안종사의 정안인 정법안장인 것이다.

마음도 부처님의 마음이요, 말씀도 부처님의 말씀이라, 말 따로 마음 따로 부처님이 없듯이 그대의 마음 그대요, 그대의 말 그대이듯이 오로지 그대라, 일체가 그대의 본체요 본용의 작용으로서 한바탕인 그대 자신인 것이다. 그대가 그대 마음을 쓰고 그대 말을 쓰듯이 그대가 돈오돈수를 쓰고 돈오점수를 쓰고, 그대가 중생을 쓰고 부처를 쓰고, 그대가 사바를 쓰고 극락을 쓰는 그대가 불생불멸인 홍대로 여여부동한 상주법계의 무한한 무위진인인 것이다.

일체가 제 모습, 제 근기대로 불생불멸 상주법계해서 필연적, 본 바탕적, 구경적 홍대로 차별 없는 원융무애하고 항사묘용하고 쌍차쌍

조한 상적상조인 중도실상의 대 해탈인 그대요, 선이요, 교요, 율이
요, 론이요, 각이요, 참인 것이다.
항상 그대가 그대를 온 전체로 낱낱이, 낱낱이 온 전체로 빠짐없이
스스로 항상 깨어있어 무한히 흥대로 자유자재로 꼭 누리는 것이다.

분별해도 물들임 없으니 차별없고
물들여도 분별없으니 때 묻지 않아서
그대가 중생과 부처를 흥대로 쓰고
그대가 사바와 극락을 흥대로 누리구나.

하!

그대 발밑에 진주를 뿌리고 진주를 쓰구나.

그대 자신을 송두리째 다 놓으라는 것이다.
다 놓으면 끝내 무엇이 남는고?
(   )
다시 놓은 것 없는 바로 이러할 때 본체본용의 본나를 보고 계합해
야 한다.
단순히 놓아라 해서 놓아만 지내면 무기공이다.
놓은 자체를 항상 자각되어 스스로 지키고 쓰고 누려야 한다.

알겠느냐?
뻐꾹 뻐꾹 뻐꾹이구나.

그대 자신을 송두리째 다 쉬라는 것이다.
다 쉬면 끝내 무엇이 남는고?
(.)
다시 쉴 것 없는 바로 이러할 때 본체본용의 본나를 보고 계합해야
한다.
단순히 쉬어라 해서 쉬어만 지내면 무기공이다.
쉬는 자체를 항상 자각되어 스스로 지키고 쓰고 누려야 한다.

알겠느냐?
부웅 부웅 부웅이구나.

'비우라' 하는 것은 무엇입니까?

그대 자신을 송두리째 비우라는 것이다.
다 비우면 끝내 무엇이 남는고?
(.)
다시 비울 것 없는 바로 이러할 때 본체본용의 본나를 보고 계합해야 한다.
단순히 비우라 해서 비우고만 지내면 역시 무기공이다.
비운 자체를 항상 자각되어 스스로 지키고 쓰고 누려야 한다.

알겠느냐?
필릴리리 필릴리리 필릴리리구나.

'맡겨라' 하는 것은 무엇입니까?

그대 자신을 송두리째 맡기라는 것이다.
다 맡기면 끝내 무엇이 남는고?
(.)
다시 맡길 것 없는 바로 이러할 때 본체본용의 본나를 보고 계합해야 한다.
단순히 맡겨라 해서 맡기고만 지내면 역시 무기공이다.
맡긴 자체를 항상 자각되어 스스로 지키고 쓰고 누려야한다.

알겠느냐?
쿵더쿵 쿵더쿵 쿵더쿵이구나.

그대 자신을 송두리째 모른다는 것이다.
다 모르면 끝내 무엇이 남는고?
(.)
다시 모를 것 없는 바로 이러할 때 본체본용의 본나를 보고 계합해
야 한다.
단순히 모른다 해서 모르고만 지내면 역시 무기공이다.
모른 자체를 항상 자각되어 스스로 지키고 쓰고 누려야 한다.

알겠느냐?
찌르륵 찌르륵 찌르륵이구나.

그대 자신을 송두리째 할 뿐이라는 것이다.
다 할뿐이면 끝내 무엇이 남는고?
(.)
다시 할 것 없는 바로 이러할 때 본체본용의 본나를 보고 계합해야
한다.
단순히 할 뿐이라고 해서 할 뿐으로만 지내면 역시 혼침이다
할 뿐인 자체를 항상 자각되어 스스로 지키고 쓰고 누려야 한다.

알겠느냐?
맴 맴 맴이구나.

다시 딴 마음이 없다는 것이다.
바로 이러할 때 어떤 것이 본체본용의 본나 본마음인고?
(.)
스스로 자각된 평상심일 때 바로 평삼심이 본여심이요, 진여심이요,
본나요, 참나다.
자각 없는 평상심이란 혼침이다.

알겠느냐?
꽃 떡이구나.

그대가 콩떡이요, 그대가 팥떡을 먹는구나.

항상 다함께 하하하 웃는 시루떡이구나.

우선 한바탕 하하하 웃어보자꾸나.
이러할 때 어떤 것이 그대의 본래면목인고?

한 생각 전으로 들어가 보아라.
무엇이 있는고?
(.)
일체 사량분별이 끊어진 생사도 끊어지고, 미오도 끊어지고, 색공도

끊어지고,
시공도 끊어지고, 시종도 끊어지고, 윤회도 끊어지고, 말도 문자도
끊어진 다시 끊어질 것도 없는 캄캄한 그대로 밝음이요, 밝음 그대
로 캄캄함이요, 미함 그대로 깨침이요, 깨침 그대로 미함이요, 죽음
그대로 생이요, 생 그대로 죽음이요,
무명 그대로 진여요, 진여 그대로 무명이요, 중생 그대로 부처요,
부처 그대로 중생인, 윤회 그대로 정토요, 말 그대로 법이요, 문자
그대로 활구인
일체 본체본용의 본나를 보고 계합하고 누릴 것이다.

알겠느냐?
해떡 달떡이구나.

한 생각 일으킨 한 생각 속으로 들어가 보아라.
무엇이 있는고?
(.)
일체 사량분별이 끊어진 생사도 끊어지고, 미오도 끊어지고, 색공도
끊어지고,
시공도 끊어지고, 시종도 끊어지고, 윤회도 끊어지고, 말도 문자도
끊어진 다시 끊어질 것도 없는 캄캄한 그대로 밝음이요, 밝음 그대
로 캄캄함이요, 미함 그대로 깨침이요, 깨침 그대로 미함이요, 죽음
그대로 생이요, 생 그대로 죽음이요, 무명 그대로 진여요, 진여 그
대로 무명이요, 중생 그대로 부처요, 부처 그대로 중생인, 윤회 그
대로 정토요, 말 그대로 법이요, 문자 그대로 활구인
일체 본체본용의 본나를 보고 계합하고 누릴 것이다.
알겠느냐?
해떡 달떡이구나.

한 생각 다한 한 생각 끝난 후로 들어가 보아라.
무엇이 있는고?
(   )

일체 사량분별이 끊어진 생사도 끊어지고, 미오도 끊어지고, 색공도 끊어지고,
시공도 끊어지고, 시종도 끊어지고, 윤회도 끊어지고, 말도 문자도 끊어진 다시
끊어질 것도 없는 캄캄한 그대로 밝음이요, 밝음 그대로 캄캄함이요, 미함 그대로 깨침이요, 깨침 그대로 미함이요, 죽음 그대로 생이요, 생 그대로 죽음이요, 무명 그대로 진여요, 진여 그대로 무명이요, 중생 그대로 부처요, 부처 그대로 중생인, 윤회 그대로 정토요, 말 그대로 법이요, 문자 그대로 활구인
일체 본체본용이 본나를 보고 계합하고 누릴 것이다.

알겠느냐?
해떡 달떡이구나.

그렇다면 한 생각 전과, 한 생각 일으킨 한 생각과, 한 생각 다한 한 생각 끝난 후가 똑같다는 것입니까?

그렇다.
한 터럭도 차이 없이 한 생각 전과, 한 생각 지금과, 한 생각 끝난 후가 똑같고 꼭 맞다.
한 생각 전이 향하구요, 한 생각 그대로가 향상구요, 한 생각 끝난 후가 말후구다.
향하구나 향상구나 말후구나 온 전체로 똑같고 낱낱이 꼭 맞아서 평상구요 활구다.

이러할 때 평상심이 바로 도요, 활구요, 선이요, 교요, 율이요, 론이
요, 진아(眞我)라.
무명업식 그대로 진여실상으로 상주법계해서 번뇌망상이 삼매해탈
로, 생노병사가 무여열반으로, 중생과 부처를 원융무애로, 사바로
극락을 원융무애로 쌍차쌍조하고 항사묘용해서 스스로 다함께 흥대
로 무한히 누리는 것이다.
영원히 절대 참 나인, 참 삶인, 참 세상인, 참 법계인 중도실상의
무위진인의 참 사람, 참 행복, 참 평화, 참 자유, 참 생명, 참 진리
인 것이다.

필경 알겠느냐?
해떡 달떡이구나.

눈빛이 마주치기 전에 해떡 달떡이요
눈빛이 마주칠 때 해떡 달떡이요
눈빛이 마주친 후에 해떡 달떡이라
언제나 어디서나 해떡 달떡이 넘치고
무엇이든 흥대로 해떡 달떡이 넘쳐서
그대는 나를 해떡 달떡으로 먹고
나는 그대를 달떡 해떡으로 배부르니
중생이 부처로 온갖 행복 평화 자유 생명 끝없구나.
누리느냐?
그대가 해떡 달떡이니 산을 세워 봄 여름 가을 겨울이요
다함께 달떡 해떡이니 물을 펼쳐 동서남북이구나.

하!

필경 어떤 것이 향하구, 향상구, 평상구인 평상심의 활구입니까?

그대가 떡이니 온 천하가 떡을 먹는구나.

지금 스님의 일은 무엇입니까?

그대 천하를 그대 흥대로 거두고 펼치구나.

필경 구경각은 무엇입니까?

그대 발밑에 붉고 흰 꽃이 낭자하구나.

필경 본나 본불은 무엇입니까?

그대가 해와 달을 띄우고 그대가 산과 물을 펼치구나.

어떤 것이 제1구입니까?

산을 세우고 물을 펼치구나.

어떤 것이 제2구입니까?

산은 푸르고 물은 흘러가는구나.

어떤 것이 제3구입니까?

산은 산이요 물은 물이구나.

어떤 것이 1구, 2구, 3구를 초월한 것입니까?

그대가 해와 달로 호박떡을 만들고 그대가 산과 물로 팥죽을 시방공
양하구나.

해와 달을 굴리며 울고 웃으며, 반은 그대를 생각함이요, 반은 세상
을 위함이로다.

하!

그대는 그대께 맡겨 그대를 자유롭게 하고,
천하는 천하를 맡겨 천하를 태평케 하라.

그대 홍대로 온 천하의 낙이구나.

하!

알겠느냐?
모르겠습니다.

그러면 다함께 하! 속으로 들어가 보자. 무엇인고?

그대 스스로 다함께 온 법계를 이루고
그대 스스로 다함께 온 세상을 열고서
그대 스스로 다함께 중생부처 홍대로요
그대 스스로 다함께 사바극락 홍대로구나.

하!

그대 자신을 송두리째 붉다는 것이다.
다 붉으면 끝내 무엇이 남는고?
(.)
다시 붉은 것 없는 바로 이러할 때 본체본용의 본나를 보고 계합해
야한다.
단순히 붉다고 해서 붉게만 지내면 역시 혼침이다.
붉다는 자체를 항상 자각되어 스스로 지키고 쓰고 누려야 한다.

알겠느냐?
풀잎마다 우담바라구나.

그대 자신을 송두리째 푸르다는 것이다.
다 푸르면 끝내 무엇이 남는고?
(.)
다시 푸를 것 없는 바로 이러할 때 본체본용의 본나를 보고 계합해
야한다.
단순히 푸르다 해서 푸르게만 지내면 역시 혼침이다.
푸르다는 자체를 항상 자각되어 스스로 지키고 쓰고 누려야한다.

알겠느냐?
풀잎마다 마니보주구나.

'검다'는 것은 무엇입니까?

그대 자신을 송두리째 검다는 것이다.
다 검으면 끝내 무엇이 남는고?
(.)
다시 검을 것 없는 바로 이러할 때 본체본용의 본나를 보고 계합해야 한다.
단순히 검다 해서 검게만 지내면 역시 혼침이다.
검다는 자체를 항상 자각되어 스스로 지키고 쓰고 누려야 한다.

알겠느냐?
풀잎마다 산호열매구나.

'희다'하는 것은 무엇입니까?

그대 자신을 송두리째 희다는 것이다.
다 희면 끝내 무엇이 남는고?
(.)
다시 흴 것 없는 바로 이러할 때 본체본용의 본나를 보고 계합해야 한다.
단순히 희다 해서 희게만 지내면 역시 혼침이다.
희다는 자체를 항상 자각되어 스스로 지키고 쓰고 누려야한다.

알겠느냐?
풀잎마다 계수열매구나.

'달다'하는 것은 무엇입니까?

그대 자신을 송두리째 달다는 것이다.

다 달면 끝내 무엇이 남는고?
(.)
단순히 달다 해서 달다고만 지내면 역시 혼침이다.
달다는 자체를 항상 자각되어 스스로 지키고 스고 누려야한다.

알겠느냐?
돌멩이마다 우담바라구나.

'쓰다' 하는 것은 무엇입니까?

그대 자신을 송두리째 쓰다는 것이다.
다 쓰면 끝내 무엇이 남는고?
(.)
단순히 쓰다해서 쓰다고만 지내면 역시 혼침이다.
쓰다는 자체를 항상 자각되어 스스로 지키고 쓰고 누려야한다.

알겠느냐?
돌멩이마다 마니보주구나.

'시다' 하는 것은 무엇입니까?

그대 자신을 송두리째 시다는 것이다.
다 시면 끝내 무엇이 남는고?
(.)
단순히 시다해서 시다고만 지내면 역시 혼침이다.
시다는 자체를 항상 자각되어 스스로 지키고 쓰고 누려야한다.

알겠느냐?
돌멩이마다 산호열매구나.

'짜다' 하는 것은 무엇입니까?

그대 자신을 송두리째 짜다는 것이다.
다 짜면 끝내 무엇이 남는고?
(.)
단순히 짜다해서 짜다고만 지내면 역시 혼침이다.
짜다는 자체를 항상 자각되어 스스로 지키고 쓰고 누려야 한다.

알겠느냐?
돌멩이마다 계수열매구나.

'맵다' 하는 것은 무엇입니까?

그대 자신을 송두리째 맵다는 것이다.
다 매우면 끝내 무엇이 남는고?
(.)
단순히 맵다 해서 맵다고만 지내면 역시 혼침이다.
맵다는 자체를 항상 자각되어 스스로 지키고 쓰고 누려야한다.

알겠느냐?
돌멩이마다 고추잠자리구나.

'둥글다' 하는 것은 무었입니까?

그대 자신을 송두리째 둥글다는 것이다.
다 둥글면 끝내 무엇이 남는고?
(.)
단순히 둥글다 해서 둥글게만 지내면 역시 혼침이다.
둥글다는 자체를 항상 자각되어 스스로 지키고 쓰고 누려야 한다.

알겠느냐?
콩떡마다 우담바라구나.

'모나다' 하는 것은 무엇입니까?

그대 자신을 송두리째 모나다는 것이다.
다 모나면 끝내 무엇이 남는고?
(.)
단순히 모나다 해서 모나게만 지내면 역시 혼침이다.
모나다는 자체를 항상 자각되어 스스로 지키고 쓰고 누려야 한다.

알겠느냐?
콩떡마다 마니보주구나.

'뾰족하다' 는 것은 무엇입니까?

그대 자신을 송두리째 뾰족하다는 것이다.
다 뾰족하면 끝내 무엇이 남는고?
(.)
단순히 뾰족하다 해서 뾰족하게만 지내면 역시 혼침이다.
뾰족하다는 자체를 항상 자각되어 스스로 지키고 쓰고 누려야 한다.

알겠느냐?
콩떡마다 산호열매구나.

'무디다' 하는 것은 무엇입니까?

그대 자신을 송두리째 무디다는 것이다.
다 무디면 끝내 무엇이 남는고?

(.)
단순히 무디다 해서 무디게만 지내면 역시 흔침이다.
무디다는 자체를 항상 자각되어 스스로 지키고 쓰고 누려야 한다.

알겠느냐?
콩떡마다 계수열매구나.

'크다' 하는 것은 무엇입니까?

그대 자신을 송두리째 크다는 것이다.
다 크면 끝내 무엇이 남는고?
(.)
단순히 크다 해서 크다고만 지내면 역시 흔침이다.
크다는 자체를 항상 자각되어 스스로 지키고 쓰고 누려야 한다.

알겠느냐?
팥떡마다 우담바라구나.

'작다' 는 것은 무엇입니까?

그대 자신을 송두리째 작다는 것이다.
다 작으면 끝내 무엇이 남는고?
(.)
단순히 작다 해서 작다고만 지내면 역시 흔침이다.
작다는 자체를 항상 자각되어 스스로 지키고 쓰고 누려야 한다.
알겠느냐?
팥떡마다 마니보주구나.

'길다'는 것은 무엇입니까?

그대 자신을 송두리째 길다는 것이다.
다 길면 끝내 무엇이 남는고?
(.)
단순히 길다 해서 길게만 지내면 역시 흠침이다.
길다는 자체를 항상 자각되어 스스로 지키고 쓰고 누려야 한다.

알겠느냐?
팥떡마다 산호열매구나.

'짧다'는 것은 무엇입니까?

그대 자신을 송두리째 짧다는 것이다.
다 짧으면 끝내 무엇이 남는고?
(.)
단순히 짧다 해서 짧게만 지내면 역시 흠침이다.
짧다는 자체를 항상 자각되어 스스로 지키고 쓰고 누려야 한다.

알겠느냐?
팥떡마다 계수열매구나.

'높다'는 것은 무엇입니까?

그대 자신을 송두리째 높다는 것이다.
다 높으면 끝내 무엇이 남는고?
(.)
단순히 높다 해서 높게만 지내면 역시 흠침이다.
높다는 자체를 항상 자각되어 스스로 지키고 쓰고 누려야 한다.

알겠느냐?
팥떡마다 호랑나비구나.

'낮다'는 것은 무엇입니까?

그대 자신을 송두리째 낮다는 것이다.
다 낮으면 끝내 무엇이 남는고?
(.)
단순히 낮다 해서 낮게만 지내면 역시 혼침이다.
낮다는 자체를 항상 자각되어 스스로 지키고 쓰고 누려야 한다.

알겠느냐?
팥떡마다 학이구나.

'깊다'는 것은 무엇입니까?

그대 자신을 송두리째 깊다는 것이다.
다 깊으면 끝내 무엇이 남는고?
(.)
단순히 깊다 해서 깊게만 지내면 역시 혼침이다.
깊다는 자체를 항상 자각되어 스스로 지키고 쓰고 누려야 한다.

알겠느냐?
팥떡마다 봉황이구나.

'얕다'는 것은 무엇입니까?

그대 자신을 송두리째 얕다는 것이다.
다 얕으면 끝내 무엇이 남는고?

(.)

단순히 얕다 해서 얕게만 지내면 역시 혼침이다.
얕다는 자체를 항상 자각되어 스스로 지키고 쓰고 누려야 한다.

알겠느냐?
팥떡마다 황룡이구나.

'넓다' 는 것은 무엇입니까?

그대 자신을 송두리째 넓다는 것이다.
다 넓으면 끝내 무엇이 남는고?
(.)
단순히 넓다 해서 넓게만 지내면 역시 혼침이다.
넓다는 자체를 항상 자각되어 스스로 지키고 쓰고 누려야 한다.

알겠느냐?
팥떡마다 청룡이구나.

'좁다' 는 것은 무엇입니까?

그대 자신을 송두리째 좁다는 것이다.
다 좁으면 끝내 무엇이 남는고?
(.)
단순히 좁다 해서 좁게만 지내면 역시 혼침이다.
좁다는 지체를 항상 자각되어 스스로 지키고 쓰고 누려야 한다.
알겠느냐?
팥떡마다 금룡이구나.

'있다' 는 것은 무엇입니까?

그대 자신을 송두리째 있다는 것이다.
다 있으면 끝내 무엇이 남는고?
(.)
단순히 있다 해서 있게만 지내면 역시 혼침이다.
있다는 자체를 항상 자각되어 스스로 지키고 쓰고 누려야 한다.

알겠느냐?
콩국수마다 하늘이구나.

'없다' 는 것은 무엇입니까?

그대 자신을 송두리째 없다는 것이다.
다 없으면 끝내 무엇이 남는고?
(.)
단순히 없다 해서 없다고만 지내면 역시 혼침이다.
없다는 자체를 항상 자각되어 스스로 지키고 쓰고 누려야 한다.

알겠느냐?
콩국수마다 땅이구나.

'좋다' 는 것은 무엇입니까?

그대 자신을 송두리째 좋다는 것이다.
다 좋으면 끝내 무엇이 남는고?
(.)
단순히 좋다 해서 좋게만 지내면 역시 혼침이다.
좋다는 자체를 항상 자각되어 스스로 지키고 쓰고 누려야 한다.

알겠느냐?
콩국수마다 해구나.

'싫다' 는 것은 무엇입니까?

그대 자신을 송두리째 싫다는 것이다.
다 싫으면 끝내 무엇이 남는고?
(.)
단순히 싫다 해서 싫게만 지내면 역시 혼침이다.
싫다는 자체를 항상 자각되어 스스로 지키고 쓰고 누려야 한다.

알겠느냐?
콩국수마다 달이구나.

'옳다' 는 것은 무엇입니까?

그대 자신을 송두리째 옳다는 것이다.
다 옳으면 끝내 무엇이 남는고?
(.)
단순히 옳다 해서 옳게만 지내면 역시 혼침이다.
옳다는 자체를 항상 자각되어 스스로 지키고 쓰고 누려야 한다.

알겠느냐?
콩국수마다 별이구나.

'그르치다' 는 것은 무엇입니까?

그대 자신을 송두리째 그르치다는 것이다.
다 그르치면 끝내 무엇이 남는고?

(.)

단순히 그르치다 해서 그르치게만 지내면 역시 혼침이다.
그르치다는 자체를 항상 자각되어 스스로 지키고 쓰고 누려야 한다.

알겠느냐?
콩국수마다 산이구나.

'맞다' 는 것은 무엇입니까?

그대 자신을 송두리째 맞다는 것이다.
다 맞으면 끝내 무엇이 남는고?
(.)
단순히 맞다 해서 맞게만 지내면 역시 혼침이다.
맞다는 자체를 항상 자각되어 스스로 지키고 쓰고 누려야 한다.

알겠느냐?
콩국수마다 강물이구나.

'아니다' 라는 것은 무엇입니까?

그대 자신을 송두리째 아니다는 것이다.
다 아니면 끝내 무엇이 남는고?
(.)
단순히 아니다 해서 아니게만 지내면 역시 혼침이다.
아니다는 자체를 항상 자각되어 스스로 지키고 쓰고 누려야 한다.
알겠느냐?
콩국수마다 바다구나.

'글자' 라는 것은 무엇입니까?

그대 자신을 송두리째 글자라는 것이다.
다 글자면 끝내 무엇이 남는고?
(.)
단순히 글자라 해서 글자로만 지내면 역시 혼침이다.
글자라는 자체를 항상 자각되어 스스로 지키고 쓰고 누려야 한다.

알겠느냐?
냉면마다 진달래꽃이구나.

'말' 이라는 것은 무엇입니까?

그대 자신을 송두리째 말이라는 것이다.
다 말이면 끝내 무엇이 남는고?
(.)
단순히 말이라 해서 말로만 지내면 역시 혼침이다.
말이라는 자체를 항상 자각되어 스스로 지키고 쓰고 누려야 한다.

알겠느냐?
냉면마다 철쭉꽃이구나.

'뜻' 이라는 것은 무엇입니까?

그대 자신을 송두리째 뜻이라는 것이다.
다 뜻이면 끝내 무엇이 남는고?
(.)
단순히 뜻이라 해서 뜻으로만 지내면 역시 혼침이다.
뜻이라는 자체를 항상 자각되어 스스로 지키고 쓰고 누려야 한다.

알겠느냐?
냉면마다 복사꽃이구나.

'느낌' 이라는 것은 무엇입니까?

그대 자신을 송두리째 느낌이라는 것이다.
다 느낌이면 끝내 무엇이 남는고?
(.)
단순히 느낌이라 해서 느끼고만 지내면 역시 혼침이다.
느낌 자체를 항상 자각되어 스스로 지키고 쓰고 누려야 한다.

알겠느냐?
냉면마다 목련꽃이구나.

'감촉' 이라는 것은 무엇입니까?

그대 자신을 송두리째 감촉이라는 것이다.
다 감촉이면 끝내 무엇이 남는고?
(.)
단순히 감촉이라 해서 감촉으로만 지내면 역시 혼침이다.
감촉 자체를 항상 자각되어 스스로 지키고 쓰고 누려야 한다.

알겠느냐?
냉면마다 살구꽃이구나.

'맛' 이라는 것은 무엇입니까?

그대 자신을 송두리째 맛이라는 것이다.
다 맛이면 끝내 무엇이 남는고?

(.)

단순히 맛이라 해서 맛으로만 지내면 역시 혼침이다.
맛 자체를 항상 자각되어 스스로 지키고 쓰고 누려야 한다.

알겠느냐?
냉면마다 아카시아꽃이구나.

'본다' 는 것은 무엇입니까?

그대 자신을 송두리째 본다는 것이다.
다 보면 끝내 무엇이 남는고?
(.)
단순히 본다 해서 보고만 지내면 역시 혼침이다.
본다는 자체를 항상 자각되어 스스로 지키고 쓰고 누려야 한다.

알겠느냐?
팥죽마다 해와 달로 붉은 잉어구나.

'듣는다' 는 것은 무엇입니까?

그대 자신을 송두리째 듣는다는 것이다.
다 들으면 끝내 무엇이 남는고?
(.)
단순히 듣는다 해서 듣고만 지내면 역시 혼침이다.
듣는다는 자체를 항상 자각되어 스스로 지키고 쓰고 누려야 한다.

알겠느냐?
팥죽마다 산과 물로 푸른 숭어구나.

'행한다' 는 것은 무엇입니까?

그대 자신을 송두리째 행한다는 것이다.
다 행하면 끝내 무엇이 남는고?
(   )
단순히 행한다 해서 행하고만 지내면 역시 혼침이다.
행한다는 자체를 항상 자각되어 스스로 지키고 쓰고 누려야 한다.

알겠느냐?
팥죽마다 꽃과 열매로 휜 고래구나.

'지킨다' 는 것은 무엇입니까?

그대 자신을 송두리째 지킨다는 것이다.
다 지키면 끝내 무엇이 남는고?
(   )
단순히 지킨다 해서 지키고만 지내면 역시 혼침이다.
지킨다는 자체를 항상 자각되어 스스로 지키고 쓰고 누려야 한다.

알겠느냐?
그대가 해와 달이 되어 해와 달을 굴리구나.

'쓴다' 는 것은 무엇입니까?

그대 자신을 송두리째 쓴다는 것이다.
다 쓰면 끝내 무엇이 남는고?
(   )
단순히 쓴다 해서 쓰고만 지내면 역시 혼침이다.
쓴다는 자체를 항상 자각되어 스스로 지키고 쓰고 누려야 한다.

알겠느냐?
그대가 꽃과 열매가 되어 꽃과 열매를 난발구나.

하!

삼라만상 항상 이대로 그대가 이루니
삼라만상 항상 이대로 향상1구요
삼라만상 항상 이대로 향현1구요
삼라만상 항상 이대로 향하1구요
삼라만상 항상 이대로 진여실상이요
삼라만상 항상 이대로 삼매해탈이요
삼라만상 항상 이대로 무여열반이요
삼라만상 항상 이대로 극락정토구나.

알겠느냐?
그대가 꽃을 심으며 해와 달을 굴리고
그대가 차를 마시며 산호열매 계수열매 뿌리구나.

하!

부처님께옵서 이 땅에 오신 뜻은 무엇입니까?

그대는 그대로 하늘과 땅으로 쑥밥이구나.

어떤 것이 부처님의 팔만사천법문입니까?

그대는 그대로 하늘과 땅으로 쑥떡이구나.

어떤 것이 조사님의 일체선입니까?

그대는 그대로 꽃과 열매로 쑥국이구나.

어떤 것이 중생의 생사해탈입니까?

그대는 그대로 꽃과 열매로 쑥차구나.

어떤 것이 세간과 출세간을 초월한 것입니까?

그대는 그대로 풀과 돌로 기러기구나.

어떤 것이 성성영지의 대기대용입니까?

그대는 그대로 학과 봉황으로 오얏꽃이구나.

어떤 것이 대기대용의 성성영지입니까?

그대는 그대로 쑥떡 쑥밥으로 매실이구나.

어떤 것이 청정법신 비로자나불입니까?

그대는 그대로 눈썹털로 메밀꽃이구나.

어떤 것이 원만보신 노사나불입니까?

그대는 그대로 콧구멍으로 동백꽃이구나.

어떤 것이 천백억화신 석가모니불입니까?

그대는 그대로 배꼽으로 갈대꽃이구나.

어떤 것이 성조작지입니까?

그대는 그대로 봄에는 봄을 이루구나.

어떤 것이 묘관찰지입니까?

그대는 그대로 봄에는 봄을 열구나.

어떤 것이 평등성지입니까?

그대는 그대로 봄에는 봄을 펼치구나.

어떤 것이 대원경지입니까?

그대는 그대로 봄에는 봄을 누리구나.

그대는 그대로 언제나 지금 이대로 향상1구요
그대는 그대로 언제나 지금 이대로 향현1구요
그대는 그대로 언제나 지금 이대로 향하1구요
그대는 그대로 언제나 지금 이대로 말전구요
그대는 그대로 언제나 지금 이대로 말현구요
그대는 그대로 언제나 지금 이대로 말후구요
그대는 그대로 언제나 지금 이대로 문자1구요
그대는 그대로 언제나 지금 이대로 문자현구요
그대는 그대로 언제나 지금 이대로 문자활구요
그대는 그대로 언제나 지금 이대로 평상1구요
그대는 그대로 언제나 지금 이대로 평상현구요
그대는 그대로 언제나 지금 이대로 평상활구요

그대는 그대로 언제나 지금 이대로 마음1구요
그대는 그대로 언제나 지금 이대로 마음현구요
그대는 그대로 언제나 지금 이대로 마음활구요
그대는 그대로 언제나 지금 이대로 몸1구요
그대는 그대로 언제나 지금 이대로 몸현구요
그대는 그대로 언제나 지금 이대로 몸활구요
그대는 그대로 언제나 지금 이대로 생각1구요
그대는 그대로 언제나 지금 이대로 생각현구요
그대는 그대로 언제나 지금 이대로 생각활구요
그대는 그대로 언제나 지금 이대로 뜻1구요
그대는 그대로 언제나 지금 이대로 뜻현구요
그대는 그대로 언제나 지금 이대로 뜻활구요
그대는 그대로 언제나 지금 이대로 느낌1구요
그대는 그대로 언제나 지금 이대로 느낌현구요
그대는 그대로 언제나 지금 이대로 느낌활구요
그대는 그대로 언제나 지금 이대로 맛1구요
그대는 그대로 언제나 지금 이대로 맛현구요
그대는 그대로 언제나 지금 이대로 맛활구요
그대는 그대로 언제나 지금 이대로 보는1구요
그대는 그대로 언제나 지금 이대로 보는현구요
그대는 그대로 언제나 지금 이대로 보는활구요
그대는 그대로 언제나 지금 이대로 모습1구요
그대는 그대로 언제나 지금 이대로 모습현구요
그대는 그대로 언제나 지금 이대로 모습활구요
그대는 그대로 언제나 지금 이대로 모양1구요
그대는 그대로 언제나 지금 이대로 모양현구요
그대는 그대로 언제나 지금 이대로 모양활구요
그대는 그대로 언제나 지금 이대로 빛깔1구요

그대는 그대로 언제나 지금 이대로 빛깔현구요
그대는 그대로 언제나 지금 이대로 빛깔활구요
그대는 그대로 언제나 지금 이대로 듣는1구요
그대는 그대로 언제나 지금 이대로 듣는현구요
그대는 그대로 언제나 지금 이대로 듣는활구요
그대는 그대로 언제나 지금 이대로 이름1구요
그대는 그대로 언제나 지금 이대로 이름현구요
그대는 그대로 언제나 지금 이대로 이름활구요
그대는 그대로 언제나 지금 이대로 행1구요
그대는 그대로 언제나 지금 이대로 행현구요
그대는 그대로 언제나 지금 이대로 행활구요
그대는 그대로 언제나 지금 이대로 삶1구요
그대는 그대로 언제나 지금 이대로 삶현구요
그대는 그대로 언제나 지금 이대로 삶활구요
그대는 그대로 언제나 지금 이대로 세상1구요
그대는 그대로 언제나 지금 이대로 세상현구요
그대는 그대로 언제나 지금 이대로 세상활구요
그대는 그대로 언제나 지금 이대로 시작1구요
그대는 그대로 언제나 지금 이대로 시작현구요
그대는 그대로 언제나 지금 이대로 시작활구요
그대는 그대로 언제나 지금 이대로 과정1구요
그대는 그대로 언제나 지금 이대로 과정현구요
그대는 그대로 언제나 지금 이대로 과정활구요
그대는 그대로 언제나 지금 이대로 결과1구요
그대는 그대로 언제나 지금 이대로 결과현구요
그대는 그대로 언제나 지금 이대로 결과활구요
그대는 그대로 언제나 지금 이대로 선1구요
그대는 그대로 언제나 지금 이대로 선현구요

그대는 그대로 언제나 지금 이대로 선활구요
그대는 그대로 언제나 지금 이대로 교1구요
그대는 그대로 언제나 지금 이대로 교현구요
그대는 그대로 언제나 지금 이대로 교활구요
그대는 그대로 언제나 지금 이대로 율1구요
그대는 그대로 언제나 지금 이대로 율현구요
그대는 그대로 언제나 지금 이대로 율활구요
그대는 그대로 언제나 지금 이대로 론1구요
그대는 그대로 언제나 지금 이대로 론현구요
그대는 그대로 언제나 지금 이대로 론활구요
그대는 그대로 언제나 지금 이대로 부처1구요
그대는 그대로 언제나 지금 이대로 부처현구요
그대는 그대로 언제나 지금 이대로 부처활구요
그대는 그대로 언제나 지금 이대로 조사1구요
그대는 그대로 언제나 지금 이대로 조사현구요
그대는 그대로 언제나 지금 이대로 조사활구요
그대는 그대로 언제나 지금 이대로 보살1구요
그대는 그대로 언제나 지금 이대로 보살현구요
그대는 그대로 언제나 지금 이대로 보살활구요
그대는 그대로 언제나 지금 이대로 라한1구요
그대는 그대로 언제나 지금 이대로 라한현구요
그대는 그대로 언제나 지금 이대로 라한활구요
그대는 그대로 언제나 지금 이대로 중생1구요
그대는 그대로 언제나 지금 이대로 중생현구요
그대는 그대로 언제나 지금 이대로 중생활구요
그대는 그대로 언제나 지금 이대로 천상1구요
그대는 그대로 언제나 지금 이대로 천상현구요
그대는 그대로 언제나 지금 이대로 천상활구요

그대는 그대로 언제나 지금 이대로 인간1구요
그대는 그대로 언제나 지금 이대로 인간현구요
그대는 그대로 언제나 지금 이대로 인간활구요
그대는 그대로 언제나 지금 이대로 아수라1구요
그대는 그대로 언제나 지금 이대로 아수라현구요
그대는 그대로 언제나 지금 이대로 아수라활구요
그대는 그대로 언제나 지금 이대로 축생1구요
그대는 그대로 언제나 지금 이대로 축생현구요
그대는 그대로 언제나 지금 이대로 축생활구요
그대는 그대로 언제나 지금 이대로 아귀1구요
그대는 그대로 언제나 지금 이대로 아귀현구요
그대는 그대로 언제나 지금 이대로 아귀활구요
그대는 그대로 언제나 지금 이대로 지옥1구요
그대는 그대로 언제나 지금 이대로 지옥현구요
그대는 그대로 언제나 지금 이대로 지옥활구요
그대는 그대로 언제나 지금 이대로 무명진여1구요
그대는 그대로 언제나 지금 이대로 무명진여현구요
그대는 그대로 언제나 지금 이대로 무명진여활구요
그대는 그대로 언제나 지금 이대로 미함깨침1구요
그대는 그대로 언제나 지금 이대로 미함깨침현구요
그대는 그대로 언제나 지금 이대로 미함깨침활구요
그대는 그대로 언제나 지금 이대로 망상삼매1구요
그대는 그대로 언제나 지금 이대로 망상삼매현구요
그대는 그대로 언제나 지금 이대로 망상삼매활구요
그대는 그대로 언제나 지금 이대로 번뇌해탈1구요
그대는 그대로 언제나 지금 이대로 번뇌해탈현구요
그대는 그대로 언제나 지금 이대로 번뇌해탈활구요
그대는 그대로 언제나 지금 이대로 윤회상락1구요

그대는 그대로 언제나 지금 이대로 윤회상락현구요
그대는 그대로 언제나 지금 이대로 윤회상락활구요
그대는 그대로 언제나 지금 이대로 생사열반1구요
그대는 그대로 언제나 지금 이대로 생사열반현구요
그대는 그대로 언제나 지금 이대로 생사열반활구요
그대는 그대로 언제나 지금 이대로 여여부동1구요
그대는 그대로 언제나 지금 이대로 여여부동현구요
그대는 그대로 언제나 지금 이대로 여여부동활구구나.

알겠느냐?

쑥떡 쑥밥이 학과 봉황으로 온 법계의 해와 달이요
학과 봉황이 콩죽 팥죽으로 온 세상의 산과 물이구나.

하!

백 년 전 스님은 어디에서 오셨습니까?

나다.

백 년 지금 스님은 어디에 계십니까?

나다.

백 년 후 스님은 어디로 가십니까?

나다.

필경 나란 무엇입니까?

나다.

그대는 그대에게서 언제나 태어나
그대는 그대에게서 언제나 살고
그대는 그대에게서 언제나 죽으니
그대는 그대에게서 언제나 불생불멸로 여여요
그대는 그대에게서 언제나 오고
그대는 그대에게서 언제나 머물고
그대는 그대에게로 어제나 돌아가니
그대는 그대에게서 언제나 무시무종으로 부동이구나.

알겠느냐?

그대가 그대로 법계를 이루어 홍대로 진여요
그대가 그대로 세상을 열어 홍대로 실상이구나.

하!

정녕 그대란 무엇입니까?
그대다.

정녕 부처란 무엇입니까?
그대가 오얀꽃이구나.

정녕 중생이란 무엇입니까?
그대가 수박꽃이구나.

정녕 무명이란 무엇입니까?
그대가 달맞이꽃이구나.

정녕 진여란 무엇입니까?
그대가 할미꽃이구나.

정녕 미오란 무엇입니까?
그대가 들국화구나.

정녕 생사란 무엇입니까?
그대가 해당화구나.

정녕 열반이란 무엇입니까?
그대가 찔래꽃이구나.

정녕 저승이란 무엇입니까?
그대가 박꽃이구나.

정녕 이승이란 무엇입니까?
그대가 호박꽃이구나.

정녕 지옥이란 무엇입니까?
그대가 해바라기꽃이구나.

정녕 천국이란 무엇입니까?
그대가 코스모스꽃이구나.

정녕 사바란 무엇입니까?
그대가 모란꽃이구나.

정녕 극락이란 무엇입니까?
그대가 동백꽃이구나.

정녕 육도란 무엇입니까?
그대가 복숭화꽃이구나.

정녕 윤회란 무엇입니까?
그대가 목련꽃이구나.

정녕 무주란 무엇입니까?
그대가 배꽃이구나.

정녕 유주란 무엇입니까?
그대가 밤꽃이구나.

정녕 무념이란 무엇입니까?
그대가 감꽃이구나.

정녕 유념이란 무엇입니까?
그대가 살구꽃이구나.

정녕 무염이란 무엇입니까?
그대가 감자꽃이구나.

정녕 유염이란 무엇입니까?
그대가 무우꽃이구나.

정녕 무상이란 무엇입니까?
그대가 장미꽃이구나.

정녕 유상이란 무엇입니까?
그대가 백합꽃이구나.

정녕 번뇌란 무엇입니까?
그대가 피랭이꽃이구나.

정녕 해탈이란 무엇입니까?
그대가 수선화꽃이구나.

정녕 망상이란 무엇입니까?
그대가 개나리꽃이구나.

정녕 삼매란 무엇입니까?
그대가 진달래꽃이구나.

정녕 허상이란 무엇입니까?
그대가 철쭉꽃이구나.

정녕 실상이란 무엇입니까?
그대가 옥수수꽃이구나.

정녕 공이란 무엇입니까?
그대가 국화꽃이구나.

정녕 색이란 무엇입니까?
그대가 똥풀꽃이구나.

정녕 무란 무엇입니까?
그대가 도라지꽃이구나.

정녕 유란 무엇입니까?
그대가 사과꽃이구나.

정녕 업식이란 무엇입니까?
그대가 포도꽃이구나.

정녕 불성이란 무엇입니까?
그대가 연꽃이구나.

정녕 자성이란 무엇입니까?
그대가 참외꽃이구나.

정녕 무아란 무엇입니까?
그대가 가지꽃이구나.

정녕 유아란 무엇입니까?
그대가 선인장꽃이구나.

정녕 가아란 무엇입니까?
그대가 란꽃이구나.

정녕 진아란 무엇입니까?
그대가 석루꽃이구나.

정녕 소아란 무엇입니까?
그대가 앵두꽃이구나.

정녕 대아란 무엇입니까?
그대가 매밀꽃이구나.

정녕 불행이란 무엇입니까?
그대가 유채꽃이구나.

정녕 행복이란 무엇입니까?
그대가 불두화꽃이구나.

정녕 속박이란 무엇입니까?
그대가 모과꽃이구나.

정녕 자유란 무엇입니까?
그대가 인삼꽃이구나.

정녕 갈등이란 무엇입니까?
그대가 안내꽃이구나.

정녕 평화란 무엇입니까?
그대가 봉숭화꽃이구나.

정녕 대립이란 무엇입니까?
그대가 크로바꽃이구나.

정녕 상생이란 무엇입니까?
그대가 분꽃이구나.

이념이란 무엇입니까?
그대가 대나무꽃이구나.

사상이란 무엇입니까?
그대가 겨우살이꽃이구나.

철학이란 무엇입니까?
그대가 민들레꽃이구나.

학문이란 무엇입니까?
그대가 토끼풀꽃이구나.

예술이란 무엇입니까?
그대가 싸리나무꽃이구나.

정치란 무엇입니까?
그대가 오동나무꽃이구나.

경제란 무엇입니까?
그대가 자운영꽃이구나.

체육이란 무엇입니까?
그대가 앵두나무꽃이구나.

의술이란 무엇입니까?
그대가 보리수꽃이구나.

병이란 무엇입니까?
그대가 시금치꽃이구나.

약이란 무엇입니까?
그대가 라일락꽃이구나.

과학이란 무엇입니까?
그대가 냉이꽃이구나.

종교란 무엇입니까?

그대가 오갈피꽃이구나.

문명이란 무엇입니까?

그대가 **토마토꽃**이구나.

문화란 무엇입니까?

그대가 오이꽃이구나.

진리란 무엇입니까?

그대가 자두꽃이구나.

법이란 무엇입니까?

그대가 꼬추꽃이구나.

덕이란 무엇입니까?

그대가 복분자꽃이구나.

복이란 무엇입니까?

그대가 매실꽃이구나.

빛이란 무엇입니까?

그대가 매화꽃이구나.

감로란 무엇입니까?

그대가 다리화꽃이구나.

길이란 무엇입니까?
그대가 채송화꽃이구나.

도란 무엇입니까?
그대가 토란꽃이구나.

법계란 무엇입니까?
그대가 어름나무꽃이구나.

세상이란 무엇입니까?
그대가 제비꽃이구나.

고향이란 무엇입니까?
그대가 다래꽃이구나.

집이란 무엇입니까?
그대가 머루꽃이구나.

도량이란 무엇입니까?
그대가 벗꽃이구나.

성불이란 무엇입니까?
그대가 반디꽃이구나.

본불이란 무엇입니까?
그대가 쑥꽃이구나.

견성성불이란 무엇입니까?

그대가 소나무꽃이구나.

견성본불이란 무엇입니까?

그대가 은행나무꽃이구나.

참나는 무엇입니까?

그대가 무궁화꽃이구나.

본나는 무엇입니까?

그대가 산호꽃이구나.

언제나 지금 이대로 무엇이든 견성입니까?

그대가 강낭콩꽃이구나.

언제나 지금 이대로 무엇이든 성불입니까?

그대가 완두콩이구나.

언제나 지금 이대로 무엇이든 본불입니까?

그대가 팥꽃이구나.

언제나 지금 이대로 무엇이든 참나입니까?

그대가 참깨꽃이구나.

언제나 지금 이대로 무엇이든 본나입니까?

그대가 들깨꽃이구나.

언제나 지금 이대로 무엇이든 주인입니까?

그대가 우담바라꽃이구나.

정녕 무엇이 그대는 그대의 나입니까?

콩국수로 천하를 펼쳐 해와 달로 웃는 구나.

아침에는 차를 마시며 붉고 흰 꽃을 가리키고
저녁에는 향을 사르며 산호열매 계수열매 뿌리고
봄에는 만 봄을 펼쳐 중생부처 길이 행복케 하고
가을에는 만 가을 거두어 사바극락 길이 태평케 하구나.

하!

어떻게 하면 이 세상에 모든 부조리를 없앨 수 있습니까?
그대는 그대에게로 돌아가거라.

어떻게 하면 이 세상에 모든 바름을 누릴 수 있습니까?
그대는 그대의 본나구나.

어떻게 하면 이 세상에 모든 슬픔을 없앨 수 있습니까?
그대는 그대의 참나구나.

어떻게 하면 이 세상에 모든 기쁨을 누릴 수 있습니까?
그대는 그대의 진여구나.

어떻게 하면 이 세상에 모든 불행을 없앨 수 있습니까?
그대는 그대의 실상이구나.

어떻게 하면 이 세상에 모든 행복을 누릴 수 있습니까?
그대는 그대의 삼매구나.

어떻게 하면 이 세상에 모든 가난을 없앨 수 있습니까?
그대는 그대의 해탈이구나.

어떻게 하면 이 세상에 모든 부를 누릴 수 있습니까?
그대는 그대의 열반이구나.

어떻게 하면 이 세상에 모든 전쟁을 없앨 수 있습니까?
그대는 그대의 상락아정이구나.

어떻게 하면 이 세상에 모든 평화를 누릴 수 있습니까?
그대는 그대의 여여구나.

어떻게 하면 우리나라 남북통일을 할 수 있습니까?
그대는 그대의 자유구나.

어떻게 하면 대통령다운 대통령입니까?
그대는 그대의 평화구나.

어떻게 하면 국민다운 국민입니까?
그대는 그대의 행복이구나.

어떻게 하면 정치다운 정치입니까?
그대는 그대의 축복이구나.

어떻게 하면 경제다운 경제입니까?
그대는 그대의 풍요구나.

어떻게 하면 교육다운 교육입니까?
그대는 그대의 인격이구나.

어떻게 하면 학문다운 학문입니까?
그대는 그대의 인품이구나.

어떻게 하면 문학다운 문학입니까?
그대는 그대의 창조구나.

어떻게 하면 체육다운 체육입니까?
그대는 그대의 안락이구나.

어떻게 하면 과학다운 과학입니까?
그대는 그대의 법계구나.

어떻게 하면 예술다운 예술입니까?
그대는 그대의 세상이구나.

어떻게 하면 철학다운 철학입니까?
그대는 그대의 삶이구나.

어떻게 하면 사상다운 사상입니까?
그대는 그대의 광명이구나.

어떻게 하면 이념다운 이념입니까?
그대는 그대의 감로구나.

어떻게 하면 도덕다운 도덕입니까?
그대는 그대의 보배구나.

어떻게 하면 윤리다운 윤리입니까?
그대는 그대의 질서구나.

어떻게 하면 법다운 법입니까?
그대는 그대의 우주구나.

어떻게 하면 종교다운 종교입니까?
그대는 그대의 법왕이구나.

어떻게 하면 신앙다운 신앙입니까?
그대는 그대의 천왕이구나.

어떻게 하면 모든 지옥에서 벗어날 수 있습니까?
그대는 그대의 염라대왕이구나.

어떻게 하면 모든 천국을 누릴 수 있습니까?
그대는 그대의 하늘이구나.

어떻게 하면 모든 사바를 벗어날 수 있습니까?
그대는 그대의 땅이구나.

어떻게 하면 모든 극락을 누릴 수 있습니까?
그대는 그대의 아미타구나.

어떻게 하면 참선다운 참선입니까?
그대는 그대의 해구나.

어떻게 하면 염불다운 염불입니까?
그대는 그대의 달이구나.

어떻게 하면 주력다운 주력입니까?
그대는 그대의 별이구나.

어떻게 하면 간경다운 간경입니까?
그대는 그대의 은하구나.

어떻게 하면 기도다운 기도입니까?
그대는 그대의 산이구나.

어떻게 하면 불사다운 불사입니까?
그대는 그대의 바다구나.

어떻게 하면 선리다운 선리입니까?
그대는 그대의 강물이구나.

어떻게 하면 교리다운 교리입니까?
그대는 그대의 꽃이구나.

어떻게 하면 윤리다운 윤리입니까?
그대는 그대의 열매구나.

어떻게 하면 논리다운 논리입니까?
그대는 그대의 봄이구나.

어떻게 하면 도리다운 도리입니까?
그대는 그대의 여름이구나.

어떻게 하면 하늘다운 하늘입니까?
그대는 그대의 가을이구나.

어떻게 하면 땅다운 땅입니까?
그대는 그대의 겨울이구나.

어떻게 하면 해다운 해입니까?
그대는 그대의 동쪽이구나.

어떻게 하면 달다운 달입니까?
그대는 그대의 서쪽이구나.

어떻게 하면 별다운 별입니까?
그대는 그대의 남쪽이구나.

어떻게 하면 산다운 산입니까?
그대는 그대의 북쪽이구나.

어떻게 하면 물다운 물입니까?
그대는 그대의 구름이구나.

어떻게 하면 꽃다운 꽃입니까?
그대는 그대의 흙이구나.

어떻게 하면 열매다운 열매입니까?
그대는 그대의 불이구나.

어떻게 하면 풀다운 풀입니까?
그대는 그대의 바람이구나.

어떻게 하면 돌다운 돌입니까?
그대는 그대의 떡이구나.

어떻게 하면 밥다운 밥입니까?
그대는 그대의 눈썹털이구나.

어떻게 하면 떡다운 떡입니까?
그대는 그대의 코구나.

어떻게 하면 국다운 국입니까?
그대는 그대의 배꼽이구나.

어떻게 하면 찬다운 찬입니까?
그대는 그대의 삼라만상이구나.

어떻게 하면 차다운 차입니까?
그대는 그대의 벼락이구나.

어떻게 하면 삼라만상다운 삼라만상입니까?
그대는 그대의 번개구나.

어떻게 하면 세상다운 세상입니까?
그대는 그대의 소낙비구나.

어떻게 하면 우주다운 우주입니까?
그대는 그대의 흰눈이구나.

어떻게 하면 법계다운 법계입니까?
그대는 그대의 금시조구나.

어떻게 하면 사람다운 사람입니까?
그대는 그대의 용이구나.

어떻게 하면 권리다운 권리입니까?
그대는 그대의 코끼리구나.

어떻게 하면 명예다운 명예입니까?
그대는 그대의 사자구나.

어떻게 하면 돈다운 돈입니까?
그대는 그대의 호랑이구나.

어떻게 하면 아름다움다운 아름다움입니까?
그대는 그대의 흰소구나.

어떻게 하면 님다운 님입니까?
그대는 그대의 나귀구나.

어떻게 하면 조사선다운 조사선입니까?
그대는 그대의 토끼구나.

어떻게 하면 간화선다운 간화선입니까?
그대는 그대의 다람지구나.

어떻게 하면 여래선다운 여래선입니까?
그대는 그대의 고래구나.

어떻게 하면 정진다운 정진입니까?
그대는 그대의 상어구나.

어떻게 하면 수행다운 수행입니까?
그대는 그대의 오징어구나.

어떻게 하면 돈오돈수다운 돈오돈수입니까?
그대는 그대의 가자미구나.

어떻게 하면 돈오점수다운 돈오점수입니까?
그대는 그대의 소라고동이구나.

어떻게 하면 보림다운 보림입니까?
그대는 그대의 칼치구나.

어떻게 하면 생노병사를 벗어날 수 있습니까?
그대는 그대의 며르치구나.

어떻게 하면 생노병사를 자유자재할 수 있습니까?
그대는 그대의 잉어구나.

어떻게 하면 번뇌망상을 벗어날 수 있습니까?
그대는 그대의 숭어구나.

어떻게 하면 번뇌망상을 자유자재할 수 있습니까?
그대는 그대의 연어구나.

어떻게 하면 육도윤회를 벗어날 수 있습니까?
그대는 그대의 붕어구나.

어떻게 하면 육도윤회를 자유자재할 수 있습니까?
그대는 그대의 거북이구나.

어떻게 하면 생주이멸을 벗어날 수 있습니까?
그대는 그대의 자라구나.

어떻게 하면 생주이멸을 자유자재할 수 있습니까?
그대는 그대의 물새구나.

어떻게 하면 성주괴공을 벗어날 수 있습니까?
그대는 그대의 산새구나.

어떻게 하면 성주괴공을 자유자재할 수 있습니까?
그대는 그대의 학이구나.

어떻게 하면 무명업식을 벗어날 수 있습니까?
그대는 그대의 화엄경이구나.

어떻게 하면 무명업식을 자유자재할 수 있습니까?
그대는 그대의 법화경이구나.

어떻게 하면 진여실상을 누릴 수 있습니까?
그대는 그대의 능엄경이구나.

어떻게 하면 삼매해탈을 누릴 수 있습니까?
그대는 그대의 문수보살이구나.

어떻게 하면 무여열반을 누릴 수 있습니까?
그대는 그대의 보현보살이구나.

어떻게 하면 상락아정을 누릴 수 있습니까?
그대는 그대의 관세음보살이구나.

어떻게 하면 상주법계를 누릴 수 있습니까?
그대는 그대의 지장보살이구나.

어떻게 하면 여여부동을 누릴 수 있습니까?
그대는 그대의 연등불이구나.

어떻게 하면 견성성불 할 수 있습니까?
그대는 그대의 석가불이구나.

어떻게 하면 본불본행 누릴 수 있습니까?
그대는 그대의 미륵불이구나.

어떻게 하면 거짓 나를 벗어날 수 있습니까?
그대는 그대의 약사보살이구나.

어떻게 하면 참 나를 누릴 수 있습니까?

그대는 그대의 선지식이구나.

정녕 어떤 것이 그대는 그대에게로 돌아가는 것입니까?

해와 달로 쑥국이요 산과 물로 콩떡이구나.

하!

그대는 그대 말고 따로 그대 없으니
그대 스스로 그대 안팎으로 그대 꼭 맞고
그대 스스로 그대 온 전체로 그대 꼭 맞고
그대 스스로 그대 낱낱이 그대 꼭 맞고
그대 스스로 그대 언제나 그대 똑같고
그대 스스로 그대 무엇이나 그대 분명하고
그대 스스로 그대가 오로지 절대 그대여서
그대 스스로 그대가 오로지 절대 무한 생명으로
그대 스스로 그대가 오로지 절대 무한 주인으로
그대 스스로 그대가 오로지 절대 무한 진리로
그대 스스로 그대가 오로지 절대 무한 보배로
그대 스스로 그대가 오로지 절대 무한 빛으로
그대 스스로 그대가 오로지 절대 무한 감로로
그대 스스로 그대가 오로지 절대 무한 풍요로
그대 스스로 그대가 오로지 절대 무한 삶으로
그대 스스로 그대가 오로지 절대 무한 세상으로
그대 스스로 그대가 오로지 절대 무한 우주로
그대 스스로 그대가 오로지 절대 무한 법계로
그대 스스로 그대가 오로지 절대 무한 진여로

그대 스스로 그대가 오로지 절대 무한 실상으로
그대 스스로 그대가 오로지 절대 무한 자유로
그대 스스로 그대가 오로지 절대 무한 평화로
그대 스스로 그대가 오로지 절대 무한 평등으로
그대 스스로 그대가 오로지 절대 무한 행복으로
그대 스스로 그대가 오로지 절대 무한 체용으로

그대 안에 무명진여를 중도실상으로 열어서
그대 안에 진공묘유를 쌍차쌍조로 나투어
그대 안에 삼라만상을 항사묘용으로 누리니
그대 안에 불생불멸을 상주법계로 청정정토해서
그대 안에 무명업식을 진여실상으로 원융무애요
그대 안에 번뇌망상을 삼매해탈로 원융무애요
그대 안에 생주이멸을 무주불멸로 원융무애요
그대 안에 생노병사를 무여열반으로 원융무애요
그대 안에 육도윤회를 무도무회로 원융무애요
그대 안에 성주괴공을 여여부동으로 원융무애요
그대가 그대를 오로지 무한 절대 무궁무진 천진무구 하구나.

알겠느냐?

그대가 쑥국 쑥밥으로 중생과 부처를 흥대로 학이요
그대가 콩떡 팥떡으로 사바와 극락을 흥대로 봉황이구나

하!

삶의 궁극적 목표는 무엇입니까?

스스로 나인 본나를 다함께 무궁무진 풍요롭게 자유자재로 누리는
것이다.

죽음의 궁극적 목표는 무엇입니까?

스스로 나인 본나를 다함께 무궁무진 풍요롭게 자유자재로 누리는
것이다.

행복의 궁극적 목표는 무엇입니까?

스스로 나인 본나를 다함께 무궁무진 풍요롭게 자유자재로 누리는
것이다.

평화의 궁극적 목표는 무엇입니까?

스스로 나인 본나를 다함께 무궁무진 풍요롭게 자유자재로 누리는
것이다.

평등의 궁극적 목표는 무엇입니까?

스스로 나인 본나를 다함께 무궁무진 풍요롭게 자유자재로 누리는
것이다.

자유의 궁극적 목표는 무엇입니까?

스스로 나인 본나를 다함께 무궁무진 풍요롭게 자유자재로 누리는
것이다.

축복의 궁극적 목표는 무엇입니까?

스스로 나인 본나를 다함께 무궁무진 풍요롭게 자유자재로 누리는 것이다.

영광의 궁극적 목표는 무엇입니까?

스스로 나인 본나를 다함께 무궁무진 풍요롭게 자유자재로 누리는 것이다.

재활의 궁극적 목표는 무엇입니까?

스스로 나인 본나를 다함께 무궁무진 풍요롭게 자유자재로 누리는 것이다.

부활의 궁극적 목표는 무엇입니까?

스스로 나인 본나를 다함께 무궁무진 풍요롭게 자유자재로 누리는 것이다.

성불의 궁극적 목표는 무엇입니까?

스스로 나인 본나를 다함께 무궁무진 풍요롭게 자유자재로 누리는 것이다.

본불의 궁극적 목표는 무엇입니까?

스스로 나인 본나를 다함께 무궁무진 풍요롭게 자유자재로 누리는 것이다.

일체중생의 궁극적 목표는 무엇입니까?

스스로 나인 본나를 다함께 무궁무진 풍요롭게 자유자재로 누리는 것이다.

일체부처의 궁극적 목표는 무엇입니까?

스스로 나인 본나를 다함께 무궁무진 풍요롭게 자유자재로 누리는 것이다.

일체조사의 궁극적 목표는 무엇입니까?

스스로 나인 본나를 다함께 무궁무진 풍요롭게 자유자재로 누리는 것이다.

일체보살의 궁극적 목표는 무엇입니까?

스스로 나인 본나를 다함께 무궁무진 풍요롭게 자유자재로 누리는 것이다.

일체라한의 궁극적 목표는 무엇입니까?

스스로 나인 본나를 다함께 무궁무진 풍요롭게 자유자재로 누리는 것이다.

일체선신의 궁극적 목표는 무엇입니까?

스스로 나인 본나를 다함께 무궁무진 풍요롭게 자유자재로 누리는 것이다.

일체천상의 궁극적 목표는 무엇입니까?

스스로 나인 본나를 다함께 무궁무진 풍요롭게 자유자재로 누리는 것이다.

일체인간의 궁극적 목표는 무엇입니까?

스스로 나인 본나를 다함께 무궁무진 풍요롭게 자유자재로 누리는 것이다.

일체아수라의 궁극적 목표는 무엇입니까?

스스로 나인 본나를 다함께 무궁무진 풍요롭게 자유자재로 누리는
것이다.

일체축생의 궁극적 목표는 무엇입니까?

스스로 나인 본나를 다함께 무궁무진 풍요롭게 자유자재로 누리는
것이다.

일체아귀의 궁극적 목표는 무엇입니까?

스스로 나인 본나를 다함께 무궁무진 풍요롭게 자유자재로 누리는
것이다.

일체지옥의 궁극적 목표는 무엇입니까?

스스로 나인 본나를 다함께 무궁무진 풍요롭게 자유자재로 누리는
것이다.

일체사바의 궁극적 목표는 무엇입니까?

스스로 나인 본나를 다함께 무궁무진 풍요롭게 자유자재로 누리는
것이다.

일체극락의 궁극적 목표는 무엇입니까?

스스로 나인 본나를 다함께 무궁무진 풍요롭게 자유자재로 누리는
것이다.

일체법계의 궁극적 목표는 무엇입니까?

스스로 나인 본나를 다함께 무궁무진 풍요롭게 자유자재로 누리는
것이다.

일체종교의 궁극적 목표는 무엇입니까?

스스로 나인 본나를 다함께 무궁무진 풍요롭게 자유자재로 누리는 것이다.

일체신앙의 궁극적 목표는 무엇입니까?

스스로 나인 본나를 다함께 무궁무진 풍요롭게 자유자재로 누리는 것이다.

일체문명의 궁극적 목표는 무엇입니까?

스스로 나인 본나를 다함께 무궁무진 풍요롭게 자유자재로 누리는 것이다.

일체문화의 궁극적 목표는 무엇입니까?

스스로 나인 본나를 다함께 무궁무진 풍요롭게 자유자재로 누리는 것이다.

불교의 궁극적 목표는 무엇입니까?

스스로 나인 본나를 다함께 무궁무진 풍요롭게 자유자재로 누리는 것이다.

부처님의 팔만사천법문의 궁극적 목표는 무엇입니까?

스스로 나인 본나를 다함께 무궁무진 풍요롭게 자유자재로 누리는 것이다.

조사선의 궁극적 목표는 무엇입니까?

스스로 나인 본나를 다함께 무궁무진 풍요롭게 자유자재로 누리는 것이다.

간화선의 궁극적 목표는 무엇입니까?

스스로 나인 본나를 다함께 무궁무진 풍요롭게 자유자재로 누리는
것이다.

묵조선의 궁극적 목표는 무엇입니까?

스스로 나인 본나를 다함께 무궁무진 풍요롭게 자유자재로 누리는
것이다.

염불선의 궁극적 목표는 무엇입니까?

스스로 나인 본나를 다함께 무궁무진 풍요롭게 자유자재로 누리는
것이다.

여래선의 궁극적 목표는 무엇입니까?

스스로 나인 본나를 다함께 무궁무진 풍요롭게 자유자재로 누리는
것이다.

생활선의 궁극적 목표는 무엇입니까?

스스로 나인 본나를 다함께 무궁무진 풍요롭게 자유자재로 누리는
것이다.

돈오돈수의 궁극적 목표는 무엇입니까?

스스로 나인 본나를 다함께 무궁무진 풍요롭게 자유자재로 누리는
것이다.

돈오점수의 궁극적 목표는 무엇입니까?

스스로 나인 본나를 다함께 무궁무진 풍요롭게 자유자재로 누리는
것이다.

스스로 나인 본나를 다함께 무궁무진 풍요롭게 자유자재로 누리는 것이다.

스스로 나인 본나를 다함께 무궁무진 풍요롭게 자유자재로 누리는 것이다.

스스로 나인 본나를 다함께 무궁무진 풍요롭게 자유자재로 누리는 것이다.

스스로 나인 본나를 다함께 무궁무진 풍요롭게 자유자재로 누리는 것이다.

스스로 나인 본나를 다함께 무궁무진 풍요롭게 자유자재로 누리는 것이다.

스스로 나인 본나를 다함께 무궁무진 풍요롭게 자유자재로 누리는 것이다.

꽃을 심고, 꽃을 가리키고, 마니주 뿌리고, 마니주 굴리는구나.

정녕 어떤 것이 스스로 나인 본나를 다함께 무궁무진 풍요롭게
자유자재로 누리는 것입니까?

풀잎마다 천하를 펼치고 돌멩이마다 해와 달을 토해 쑥떡 콩국수구
나.

필경 어째서 이러합니까?

하!

스스로 나인 본나는 다함께 나로 무궁무진 풍요로운 영원한 참나요
스스로 나인 본나는 다함께 나로 무궁무진 풍요로운 영원한 참생명
이요
스스로 나인 본나는 다함께 나로 무궁무진 풍요로운 영원한 참진리
요
스스로 나인 본나는 다함께 나로 무궁무진 풍요로운 영원한 참법계
구나.

하!

그대가 쑥국 쑥밥으로 삼계를 펼쳐 중생과 부처를 길이 행복케 하고
그대가 콩떡 팥떡으로 법계를 거두어 사바와 극락을 길이 태평케 하
구나.

하!

늘 함께 누리는날 영흥 범향배

나는 나로 일체가 나다

1. 나는 나로 일체가 나다

하!

나는 나로 무명이요
나는 나로 진여요
나는 나로 무상이요
나는 나로 실상이요
나는 나로 번뇌요
나는 나로 해탈이요
나는 나로 망상이요
나는 나로 삼매구나.

지금 여러분은 어떠하신고?

학은 학으로 꽃으로 열려 해와 달이요
봉황은 봉황으로 풀로 드러나 산과 물이구나.

하!

어떤 것이 학은 학으로 꽃으로 열려 해와 달인고?
콩떡이구나.

어떤 것이 봉황은 봉황으로 풀로 드러나 산과 물인고?
팥떡이구나.

정녕 어째서 그러하신고?
그대가 콩떡 팥떡이구나.

필경 여러분은 누리시는고?

학을 날리니 그대 눈썹털마다 만년 푸른 소나무에 붉은 꽃 봄이요
봉황을 거두니 그대 발가락마다 억년 황금 뜨락에 황금열매 가을이
구나.

하!

2. 나는 나로 일체가 나다

하!

나는 나로 영혼이요
나는 나로 마음이요
나는 나로 몸이요
나는 나로 생각이요
나는 나로 뜻이요
나는 나로 행이요
나는 나로 씀이요
나는 나로 누림이구나.

지금 여러분은 어떠하신고?

꽃을 심고 꽃을 심으니 그대 콧구멍이 용궁이요
마니주 뿌리고 마니주 뿌리니 그대 배꼽이 도솔천이구나.

하!

어떤 것이 꽃을 심고 꽃을 심으니 그대 콧구멍이 용궁인고?
동남풍이구나.

어떤 것이 마니주 뿌리고 마니주 뿌리니 그대 배꼽이 도솔천인고?
남동풍이구나.

정녕 어째서 그러하신고?
북서풍이구나.

필경 여러분은 누리시는고?

스스로 목말라 물마시니 뻐꾹뻐꾹뻐꾹 진여실상이요
다함께 배고파 밥 먹으니 부웅부웅부웅 삼매해탈이구나.

하!

3. 나는 나로 일체가 나다

하!

나는 나로 종교요
나는 나로 과학이요
나는 나로 철학이요
나는 나로 학문이요
나는 나로 예술이요
나는 나로 문학이요
나는 나로 정치요
나는 나로 경제구나.

지금 여러분은 어떠하신고?

콩떡을 먹으니 코끼리가 뻐꾹새로 뻐꾹뻐꾹뻐꾹하고
팥떡을 먹으니 사자가 부응새로 부응부응부응하구나.

하!

어떤 것이 콩떡을 먹으니 코끼리가 뻐꾹새로 뻐꾹뻐꾹뻐꾹함인고?
가자미가 문어를 삼키구나.

어떤 것이 팥떡을 먹으니 사자가 부응새로 부응부응부응하는고?
문어가 가자미를 토하구나.

정녕 어째서 그러하신고?
가자미는 해요 문어는 달이구나.

필경 여러분은 누리시는고?

그대가 해와 달을 띄우니 도솔천 내원궁이 토끼 콧구멍이요
그대가 산과 물을 펼치니 구품연화대가 자라 눈동자구나.

하!

4. 나는 나로 일체가 나다

하!

나는 나로 가족이요
나는 나로 친구요
나는 나로 이웃이요
나는 나로 마을이요
나는 나로 사회요
나는 나로 국가요
나는 나로 세계요
나는 나로 우주구나.

지금 여러분은 어떠하신고?

강남 강북에도 해가 밝으니 풀잎도 우담바라요
산동 산서에도 달이 밝으니 돌멩이도 마니보주구나.

하!

어떤 것이 강남 강북에도 해가 밝으니 풀잎도 우담바라인고?
뜨락마다 그대 손바닥이구나.

어떤 것이 산동 산서에도 달이 밝으니 돌멩이도 마니보주인고?
거리마다 그대 발바닥이구나.

정녕 어째서 그러하신고?
시장마다 그대 눈썹털이구나.

필경 여러분은 누리시는고?

가고가고가고 가니 집집마다 만 봄이요
오고오고오고 오니 세상세상마다 만 가을이구나.

하!

5. 나는 나로 일체가 나다

하!

나는 나로 앎이요
나는 나로 모름이요
나는 나로 밝음이요
나는 나로 어둠이요
나는 나로 미함이요
나는 나로 깨침이요
나는 나로 삶이요
나는 나로 죽음이구나.

지금 여러분은 어떠하신고?

산은 산으로 뻐꾹뻐꾹뻐꾹 진달래요
물은 물로 부웅부웅부웅 복숭화구나.

하!

어떤 것이 산은 산으로 뻐꾹뻐꾹뻐꾹 진달래인고?
이쁘구나.

어떤 것이 물은 물로 부웅부웅부웅 복숭화인고?
곱구나.

정녕 어째서 그러하신고?
아름답구나.

필경 여러분은 누리시는고?

보고보고보고 보니 붉고 흰 꽃이요
쓰고쓰고쓰고 쓰니 산호열매 계수열매구나.

하!

6. 나는 나로 일체가 나다

어떤 것이 해는 해로 개골개골개골 우담바라인고?
돌멩이도 해구나.

어떤 것이 달은 달로 맴맴맴 마니보주인고?
풀잎도 달이구나.

정녕 어째서 그러하신고?
산이 산에 앉았구나.

필경 여러분은 누리시는고?

붉은 것은 붉어서 온 전체로 붉으니 그대가 홍대로 법계요
푸른 것은 푸러서 낱낱이 푸르니 그대가 홍대로 세상이구나.

하!

7. 나는 나로 일체가 나다.

하!

나는 나로 청정함이요
나는 나로 천진함이요
나는 나로 순진함이요
나는 나로 순박함이요
나는 나로 성실함이요
나는 나로 구족함이요
나는 나로 편안함이요
나는 나로 자유로구나.

지금 여러분은 어떠하신고?

그대가 꽃을 심으니 꽃잎마다 도솔천 내원궁이요
그대가 열매를 따니 열매마다 극락세계 구품연화대구나.

하!

어떤 것이 그대가 꽃을 심으니 꽃잎마다 도솔천 내원궁인고?
달팽이가 달팽이구나.

어떤 것이 그대가 열매를 따니 열매마다 극락세계 구품연화대인고?
개구리가 개구리구나.

정녕 어째서 그러하신고?
다람쥐가 다람쥐구나.

필경 여러분은 누리시는고?

산새가 춤추니 온 하늘 산새의 춤으로 목련꽃이요
물새가 노래하니 온 바다 물새의 노래로 해당화구나.

하!

8. 나는 나로 일체가 나다

하!

나는 나로 으뜸이요
나는 나로 귀함이요
나는 나로 똑이요
나는 나로 꼭이요
나는 나로 진여요
나는 나로 여여요
나는 나로 일여요
나는 나로 즉여구나.

지금 여러분은 어떠하신고?

산은 산으로 따고 없으니 콩떡이 해와 달이요
물은 물로 똑같으니 팥떡이 꽃과 열매구나.

하!

어떤 것이 산은 산으로 따로 없으니 콩떡이 해와 달인고?
산새가 춤 추구나.

어떤 것이 물은 물로 똑같으니 팥떡이 꽃과 열매인고?
물새가 춤 추구나.

정녕 어째서 그러하신고?
들새가 춤 추구나.

필경 여러분은 누리시는고?

부웅새가 부웅부웅부웅 하니 풀잎마다 극락세계요
뻐꾹새가 뻐꾹뻐꾹뻐꾹 하니 돌멩이마다 천국이구나.

하!

9. 나는 나로 일체가 나다

하!

나는 나로 무명업식이요
나는 나로 진여실상이요
나는 나로 번뇌망상이요
나는 나로 삼매해탈이요
나는 나로 생노병사요
나는 나로 무여열반이요
나는 나로 육도윤회요
나는 나로 상락아정이구나.

지금 여러분은 어떠하신고?

고기는 물로 보내니 풀잎도 만 바다요
새는 숲속으로 보내니 돌멩이도 만 하늘이구나.

하!

어떤 것이 고기는 물로 보내니 풀잎도 만 바다인고?
강낭콩.

어떤 것이 새는 숲속으로 보내니 돌멩이도 만 하늘인고?
연두콩.

정녕 어째서 그러하신고?
녹두콩.

필경 여러분은 누리시는고?

앉은 채로 수미산에 오르니 거리마다 청풍명월이요
선 채로 시장바다을 누비니 집집마다 산호열매 계수열매구나.

하!

10. 나는 나로 일체가 나다

하!

나는 나로 불생이요
나는 나로 불멸이요
나는 나로 영생이요
나는 나로 부활이요
나는 나로 창조요
나는 나로 주인이요
나는 나로 삶이요
나는 나로 세상이구나.

지금 여러분은 어떠하신고?

콩새도 해와 달이니 동서남북 그대 눈썹털이요
팥새도 산과 물이니 봄 여름 가을 겨울 그대 배꼽이구나.

하!

어떤 것이 콩새도 해와 달이니 동서남북 그대 눈썹털인고?
토마토.

어떤 것이 팥새도 산과 물이니 봄 여름 가을 겨울 그대 배꼽인고?
참외.

정녕 어째서 그러하신고?
수박.

필경 여러분은 누리시는고?

하하하 웃으니 맵새가 학이 되어 날며 우담바라 난발하고
엉엉엉 우니 지렁이가 용이되어 날며 여의주 난발구나.

하!

11. 나는 나로 일체가 나다

하!

나는 나로 근원이요
나는 나로 생명이요
나는 나로 감로요
나는 나로 축복이요
나는 나로 영광이요
나는 나로 행복이요
나는 나로 평화요
나는 나로 광명이구나.

지금 여러분은 어떠하신고?

스스로 꽃이 되어 만세상에 만 봄을 펼치고
다함께 열매되어 만집에 만 가을을 거두구나.

하!

어떤 것이 스스로 꽃이 되어 만세상에 만 봄을 펼침인고?
아야어여구나.

어떤 것이 다함께 열매되어 만집에 만 가을을 거둠인고?
오요우유구나.

정녕 어째서 그러하신고?
호효후휴구나.

필경 여러분은 누리시는고?

그대가 동남풍이니 오징어마다 호박꽃이요
그대가 남동풍이니 문어마다 박꽃이구나.

하!

12. 나는 나로 일체가 나다

하!

나는 나로 하늘이요
나는 나로 땅이요
나는 나로 산이요
나는 나로 물이요
나는 나로 해요
나는 나로 달이요
나는 나로 꽃이요
나는 나로 열매구나.

지금 여러분은 어떠하신고?

목말라 물마시니 눈썹털마다 봄 여름 가을 겨울이요
배고파 밥 먹으니 배꼽마다 동서남북이구나.

하!

어떤 것이 목말라 물마시니 눈썹털마다 봄 여름 가을 겨울인고?
문어발이구나.

어떤 것이 배고파 밥 먹으니 배꼽마다 동서남북인고?
오징어발이구나.

정녕 어째서 그러하신고?
꼴뚜기발이구나.

필경 여러분은 누리시는고?

앉은 채로 온 법계를 이루니 풀잎마다 천국이요
누운 채로 온 세상을 누리니 돌멩이마다 극락이구나.

하!

13. 나는 나로 일체가 나다

하!

나는 나로 봄이요
나는 나로 여름이요
나는 나로 가을이요
나는 나로 겨울이요
나는 나로 동쪽이요
나는 나로 서쪽이요
나는 나로 남쪽이요
나는 나로 북쪽이구나.

지금 여러분은 어떠하신고?

하하하 웃으니 천국이 이빨속이요
엉엉엉 우니 극락이 눈썹털끝이구나.

하!

어떤 것이 하하하 웃으니 천국이 이빨속인고?
금강산 일만이천봉이구나.

어떤 것이 엉엉엉 우니 극락이 눈썹털끝인고?
백두산 천지구나.

정녕 어째서 그러하신고?
배꼽마다 한라산 백록담이구나.

필경 여러분은 누리시는고?

만 하늘에 만 학을 날리니 하늘마다 붉고 흰 꽃이요
만 바다에 만 고래가 달리니 바다마다 산호열매 계수열매구나.

하!

14. 나는 나로 일체가 나다

하!

나는 나로 지옥이요
나는 나로 천국이요
나는 나로 사바요
나는 나로 극락이요
나는 나로 범부요
나는 나로 성인이요
나는 나로 중생이요
나는 나로 부처구나.

지금 여러분은 어떠하신고?

풀잎도 해와 달이니 눈썹털마다 우담바라요
돌멩이도 산과 물이니 배꼽마다 마니보주구나.

하!

어떤 것이 풀잎도 해와 달이니 눈썹털마다 우담바라인고?
빗방울마다 목련꽃이구나.

어떤 것이 돌멩이도 산과 물이니 배꼽마다 마니보주인고?
흰 눈송이마다 동백꽃이구나.

정녕 어째서 그러하신고?
바다는 바다에 누웠구나.

필경 여러분은 누리시는고?

아침에는 한잔 차를 마시며 붉고 흰 꽃을 가리키고
저녁에는 한오락 향을 사르며 산호열매 계수열매 뿌리구나.

하!

15. 나는 나로 일체가 나다

하!

나는 나로 천상이요
나는 나로 인간이요
나는 나로 아수라요
나는 나로 축생이요
나는 나로 아귀요
나는 나로 지옥이요
나는 나로 예토요
나는 나로 정토구나.

지금 여러분은 어떠하신고?

풀잎 끝에 사자가 달리니 달팽이가 해와 달이요
돌 속에 고래가 잠자니 귀뚜라미가 산과 물이구나.

하!

어떤 것이 풀잎 끝에 사자가 달리니 달팽이가 해와 달인고?
무쇠소가 휘파람 불구나.

어떤 것이 돌 속에 고래가 잠자니 귀뚜라미가 산과 물인고?
진흙소가 퉁수를 불구나.

정녕 어째서 그러하신고?
돌소가 파도를 타구나.

필경 여러분은 누리시는고?

붉고 푸르니 사바와 극락을 홍대로요
달고 쓰니 중생과 부처를 홍대로구나.

하!

16. 나는 나로 일체가 나다

하!

나는 나로 법왕이요
나는 나로 천왕이요
나는 나로 성중이요
나는 나로 산왕이요
나는 나로 용왕이요
나는 나로 칠성이요
나는 나로 인왕이요
나는 나로 염라대왕이구나.

지금 여러분은 어떠하신고?

목말라 물마시니 그대도 그러하고
배고파 밥 먹으니 나도 그러하구나.

하!

어떤 것이 목말라 물마시니 그대도 그러함인고?
앞산을 마주하구나.

어떤 것이 배고파 밥 먹으니 나도 그러함인고?
뒷산을 마주하구나.

정녕 어째서 그러하신고?
앞산 앞에 뒷산이구나.

필경 여러분은 누리시는고?

떨어진 꽃잎이 방광을 하니 티끌도 우담바라요
깨어진 기와조각이 왕궁을 여니 거품도 마니주구나.

하!

17. 나는 나로 일체가 나다

하!

나는 나로 새요
나는 나로 물고기요
나는 나로 짐승이요
나는 나로 사람이요
나는 나로 신이요
나는 나로 라한이요
나는 나로 보살이요
나는 나로 부처구나.

지금 여러분은 어떠하신고?

목말라 물마시니 서로 다르지 않아 꽃이요
배고파 밥 먹으니 서로 꼭 맞아 열매구나.

하!

어떤 것이 목말라 물마시니 서로 다르지 않아 꽃인고?
가물치구나.

어떤 것이 배고파 밥 먹으니 서로 꼭 맞아 열매인고?
고래구나.

정녕 어째서 그러하신고?
눈썹털이 잉어구나.

필경 여러분은 누리시는고?

다함께 서로 열려 봄에는 봄을 펼쳐 물이요
서로 다함께 드러나 가을에는 가을을 누려 산이구나.

하!

18. 나는 나로 일체가 나다

하!

나는 나로 구름이요
나는 나로 안개요
나는 나로 이슬이요
나는 나로 비요
나는 나로 서리요
나는 나로 흰눈이요
나는 나로 불이요
나는 나로 바람이구나

지금 여러분은 어떠하신고?

슬퍼서 우니 만 바다의 달이요
기뻐서 웃으니 만 산의 해구나.

하!

어떤 것이 슬퍼서 우니 만 바다의 달인고?
개골개골개골.

어떤 것이 기뻐서 웃으니 만 산의 해인고?
맴맴맴.

정녕 어째서 그러하신고?
찌르륵 찌르륵 찌르륵.

필경 여러분은 누리시는고?

하늘은 하늘로 붉은 잉어가 되어 해와 달을 토하고
땅은 땅으로 흰 학이 되어 산과 물을 펼치구나.

하!

19. 나는 나로 일체가 나다

하!

나는 나로 풀이요
나는 나로 돌이요
나는 나로 무쇠요
나는 나로 새금파리요
나는 나로 유리요
나는 나로 기와요
나는 나로 금이요
나는 나로 진주구나.

지금 여러분은 어떠하신고?

눈썹털이 검으니 뜨락마다 계수열매요
콧구멍이 휑하니 거리마다 산호열매구나.

하!

어떤 것이 눈썹털이 검으니 뜨락마다 계수열매인고?
3X3=9 구나.

어떤 것이 콧구멍이 휑하니 거리마다 산호열매인고?
6X6=36 이구나.

정녕 어째서 그러하신고?
9X9= 82 구나.

필경 여러분은 누리시는고?

아야어여 지옥이 천국으로 꽃피니 산새요.
오요우유 극락이 사바로 열매 맺으니 물새구나.

하!

20. 나는 나로 일체가 나다

하!

나는 나로 고추요
나는 나로 가지요
나는 나로 배추요
나는 나로 무요
나는 나로 상추요
나는 나로 호박이요
나는 나로 마늘이요
나는 나로 수박이구나.

지금 여러분은 어떠하신고?

봄빛 오니 만 뜨락마다 붉고 흰 꽃이요
가을바람 부니 만 거리마다 산호열매 계수열매구나.

하!

어떤 것이 봄빛 오니 만 뜨락마다 붉고 흰 꽃인고?
팥죽이구나.

어떤 것이 가을바람 부니 만 거리마다 산호열매 계수열매인고?
콩죽이구나.

정녕 어째서 그리하신고?
팥죽이요 콩죽이구나.

필경 여러분은 누리시는고?

하하하 웃으니 눈썹털마다 학이 날고
엉엉엉 우니 배꼽마다 봉황이 앉구나.

하!

21. 나는 나로 일체가 나다

하!

나는 나로 쌀이요
나는 나로 보리요
나는 나로 서숙이요
나는 나로 팥이요
나는 나로 콩이요
나는 나로 녹두요
나는 나로 밀이요
나는 나로 메밀이구나.

지금 여러분은 어떠하신고?

풀잎도 산으로 만 법계의 우담바라요
돌멩이도 물로 만 세상의 마니보주구나

하!

어떤 것이 풀잎도 산으로 만 법계의 우담바라인고?
고추잠자리구나.

어떤 것이 돌멩이도 물로 만 세상의 마니보주인고?
호랑나비구나.

정녕 어째서 그러하신고?
꿀벌이구나.

필경 여러분은 누리시는고?

꽃피고 꽃피니 지렁이가 학으로 날아 만 하늘이요.
열매따고 열매따니 봉황이 자라로 달려 만 호수구나.

하!

22. 나는 나로 일체가 나다

하!

나는 나로 찰떡이요
나는 나로 콩떡이요
나는 나로 팥떡이요
나는 나로 호박떡이요
나는 나로 시루떡이요
나는 나로 백설기떡이요
나는 나로 인절미떡이요
나는 나로 송편떡이구나.

지금 여러분은 어떠하신고?

해와 달은 부엉새의 눈동자요
산과 물은 뻐꾹새의 배꼽이구나.

하!

어떤 것이 해와 달은 부엉새의 눈동자인고?
꽃피는 봄이구나.

어떤 것이 산과 물은 뻐꾹새의 배꼽인고?
열매 익는 가을이구나.

정녕 어째서 그러하신고?
흰 눈 내리는 여름이구나.

필경 여러분은 누리시는고?

풀잎마다 붉고 흰 꽃으로 천국이요
돌멩이마다 산호열매 계수열매로 극락이구나.

하!

23. 나는 나로 일체가 나다

하!

나는 나로 밥이요
나는 나로 떡이요
나는 나로 죽이요
나는 나로 국수요
나는 나로 수재비요
나는 나로 국이요
나는 나로 반찬이요
나는 나로 숭늉이구나.

지금 여러분은 어떠하신고?

용의 이빨이 산과 물이요
학의 날개가 해와 달이구나.

하!

어떤 것이 용의 이빨이 산과 물인고?
달다.

어떤 것이 학의 날개가 해와 달인고?
쓰다.

정녕 어째서 그러하신고?
짜다.

필경 여러분은 누리시는고?

거리에 딩구는 낙엽이 황금 만량이요
시장바닥에 꼴뚜기가 서방정토 아미타구나.

하!

24. 나는 나로 일체가 나다

하!

나는 나로 사과요
나는 나로 배요
나는 나로 감이요
나는 나로 밤이요
나는 나로 대추요
나는 나로 모과요
나는 나로 호두요
나는 나로 석류구나.

지금 여러분은 어떠하신고?

맵새의 다리가 해와 달이요
학의 혓바닥이 산과 물이구나.

하!

어떤 것이 맵새의 다리가 해와 달인고?
짧다.

어떤 것이 학의 혓바닥이 산과 물인고?
둥글다.

정녕 어째서 그러하신고?
넓다.

필경 여러분은 누리시는고?

흰 눈마다 동백꽃으로 만 겨울의 해탈이요
동백꽃마다 흰 눈으로 만 세상의 삼매구나.

하!

25. 나는 나로 일체가 나다

하!

나는 나로 달고
나는 나로 쓰고
나는 나로 시고
나는 나로 짜고
나는 나로 싱겁고
나는 나로 맵고
나는 나로 떫고
나는 나로 미껍구나.

지금 여러분은 어떠하신고?

눈을 떠도 해와 달로 꽃이요
눈을 감아도 해와 달로 열매구나.

하!

어떤 것이 눈을 떠도 해와 달로 꽃인고?
찹쌀떡을 먹구나.

어떤 것이 눈을 감아도 해와 달로 열매인고?
시루떡을 먹구나.

정녕 어째서 그러하신고?
가래떡을 먹구나.

필경 여러분은 누리시는고?

가도가도가도 9X9=81로 문수보현이요
와도와도와도 9X9=81로 지장관음이구나

하!

26. 나는 나로 일체가 나다

하!

나는 나로 감이요
나는 나로 옴이요
나는 나로 머뭄이요
나는 나로 떠남이요
나는 나로 움직임 없음이요
나는 나로 움직임이요
나는 나로 다름이요
나는 나로 같음이구나.

지금 여러분은 어떠하신고?

펼쳐도 산과 물로 학이요
거두도 산과 물로 봉황이구나.

하!

어떤 것이 펼쳐도 산과 물로 학인고?
쿵더쿵 쿵더쿵 쿵더쿵.

어떤 것이 거둬도 산과 물로 봉황인고?
둥더쿵 둥더쿵 둥더쿵.

정녕 어째서 그러하신고?
덩더쿵 덩더쿵 덩더쿵.

필경 여러분은 누리시는고?

눈썹털마다 해와 달로 만리 봄이요
배꼽마다 해와 달로 만리 가을이구나.

하!

27. 나는 나로 온 전체가 나구나

하!

나는 나로 펼침이요
나는 나로 거둠이요
나는 나로 세움이요
나는 나로 무너짐이요
나는 나로 드러냄이요
나는 나로 감춤이요
나는 나로 나눔이요
나는 나로 합함이구나.

지금 여러분은 어떠하신고?

가나다라 하늘과 땅을 열어 파랑새요.
마바사가 산과 물을 드러내어 오징어구나.

하!

어떤 것이 가나다라 하늘과 땅을 열어 파랑새인고?
토끼가 달 속에 계수나무아래 떡방아를 찧는구나.

어떤 것이 마바사가 산과 물을 드러내어 오징어인고?
거북이가 바다 밑 용궁 속에서 옥차를 달이구나.

정녕 어째서 그러하신고?
사슴이 활활 타오르는 불속에서 군밤을 구워먹는구나.

필경 여러분은 누리시는고?

이대로 보태지 않아서 홍대로 석가미륵이요
이대로 빼지 않아서 홍대로 약사아미타구나.

하!

28. 나는 나로 온 전체가 나구나

하!

나는 나로 붉음이요
나는 나로 푸름이요
나는 나로 검음이요
나는 나로 흼이요
나는 나로 둥긂이요
나는 나로 모남이요
나는 나로 뾰족함이요
나는 나로 무딤이구나.

지금 여러분은 어떠하신고?

어제도 해와 달로 콩떡 팥떡이요
오늘도 산과 물로 쑥국 쑥밥이구나.

하!

어떤 것이 어제도 해와 달로 콩떡 팥떡인고?
어흥 어흥 어흥이구나.

어떤 것이 오늘도 산과 물로 쑥국 쑥밥인고?
저흥 저흥 저흥이구나.

정녕 어째서 그러하신고?
이흥 이흥 이흥이구나.

필경 여러분은 누리시는고?

꽃피는 꽃길에 그대와 나란히 꽃차를 마시며 웃고
눈 내리는 눈길에 그대와 나란히 눈차를 마시며 울구나.

하!

29. 나는 나로 온 전체가 나구나

하!

나는 나로 높음이요
나는 나로 낮음이요
나는 나로 깊음이요
나는 나로 얕음이요
나는 나로 길음이요
나는 나로 짧음이요
나는 나로 넓음이요
나는 나로 좁음이구나.

지금 여러분은 어떠하신고?

오늘은 파랑새가 해와 달로 꽃이요
내일은 비둘기가 산과 물로 열매구나.

하!

어떤 것이 오늘은 파랑새가 해와 달로 꽃인고?
햇빛아래 둥둥둥 북을 치구나.

어떤 것이 내일은 비둘기가 산과 물로 열매인고?
달빛아래 둥둥둥 거문고를 타구나.

정녕 어째서 그러하신고?
별빛아래 둥둥둥 기타를 치구나.

필경 여러분은 누리시는고?

다함께 서로 나로 새벽길 여니 삼계를 홍대로요
서로 나로 다함께 저녁 길을 거두니 삼세를 홍대로구나.

하!

30. 나는 나로 온 전체가 나구나

하!

나는 나로 시작이요
나는 나로 끝이요
나는 나로 색이요
나는 나로 공이요
나는 나로 시간이요
나는 나로 공간이요
나는 나로 무요
나는 나로 유구나

지금 여러분은 어떠하신고?

학의 나라는 고슴도치의 배꼽이요
봉황의 고향은 두꺼비의 발바닥이구나.

하!

어떤 것이 학의 나라는 고슴도치의 배꼽인고?
가갸거겨구나.

어떤 것이 봉황의 고향은 두꺼비의 발바닥인고?
나냐노뇨구나.

정녕 어째서 그러하신고?
누뉴두듀구나.

필경 여러분은 누리시는고?

남동풍에 천국을 전하니 강남제비요
동남풍에 극락을 누리니 강북오리구나.

하!

31. 나는 나로 온 전체로 나구나

하!

나는 나로 무아요
나는 나로 유아요
나는 나로 무생이요
나는 나로 유생이요
나는 나로 무멸이요
나는 나로 유멸이요
나는 나로 무연이요
나는 나로 유연이구나.

지금 여러분은 어떠하신고?

금모사자가 풀잎 속을 달리니 동해바다요
옥코끼리가 돌 속에 누우니 서해바다구나.

하!

어떤 것이 금모사자가 풀잎 속을 달리니 동해바다인고?
하나 둘 셋이구나.

어떤 것이 옥코끼리가 돌 속에 누우니 서해바다인고?
셋 둘 하나구나.

정녕 어째서 그러하신고?
하나 둘 셋이 셋 둘 하나구나.

필경 여러분은 누리시는고?

산속에 산은 영원히 무너질 줄 몰라 산은 산이요
물속에 물은 영원히 메마를 줄 몰라 물은 물이구나.

하!

32. 나는 나로 온 전체가 나구나

하!

나는 나로 무심이요
나는 나로 유심이요
나는 나로 무념이요
나는 나로 유념이요
나는 나로 무상이요
나는 나로 유상이요
나는 나로 무주요
나는 나로 유주구나.

지금 여러분은 어떠하신고?

해당화 꽃 속에서 고래와 상어가 차를 마시고
무화과 열매 속에서 학과 봉황이 떡을 먹는구나.

하!

어떤 것이 해당화 꽃 속에서 고래와 상어가 차를 마심인고?
따라 가구나.

어떤 것이 무화과 열매 속에서 학과 봉황이 떡을 먹음인고?
따라 오구나.

정녕 어째서 그러하신고?
따라 있구나.

필경 여러분은 누리시는고?

그대 안에 해와 달이 뜨고 지니 그대가 온 법계요
그대 안에 산과 물이 펼치고 거두니 그대가 온 세상이구나.

하!

33. 나는 나로 온 전체가 나구나

하!

나는 나로 무명이요
나는 나로 유명이요
나는 나로 무견이요
나는 나로 유견이요
나는 나로 무염이요
나는 나로 유염이요
나는 나로 무득이요
나는 나로 유득이구나.

지금 여러분은 어떠하신고?

고래가 만리 파도를 즐기니 콩떡이요
사자가 만길 벼랑을 즐기니 팥떡이구나.

하!

어떤 것이 고래가 만리 파도를 즐기니 콩떡인고?
똑같구나.

어떤 것이 사자가 만길 벼랑을 즐기니 팥떡인고?
꼭 맞구나.

정녕 어째서 그러하신고?
틀림없구나.

필경 여러분은 누리시는고?

지금 이대로 어긋나지 않으니 삼세를 통대로 석가미륵이요
언제나 이대로 다르지 않아 삼계를 통대로 약사아미타구나.

하!

나가 오로지 다함께 서로 "나"로
꼭 맞아 해탈이구나

하!

좋다. 좋다. 좋다. 지금 이대로 꼭 맞아 온 법계를 이루고
좋다. 좋다. 좋다. 지금 이대로 꼭 맞아 온 세상을 열어서
좋다. 좋다. 좋다. 지금 이대로 꼭 맞아 온 삼라만상을 나투어
좋다. 좋다. 좋다. 지금 이대로 꼭 맞아 무명업식이 진여실상이요
좋다. 좋다. 좋다. 이것이 지금 이대로 꼭 맞아 번뇌 망상이 삼매해
탈이요
좋다. 좋다. 좋다 .지금 이대로 꼭 맞아 생로병사가 무여열반이요
좋다. 좋다. 좋다. 지금 이대로 꼭 맞아 육도윤회가 상락아정입니다

지금 여러분은 어떠하십니까?

붉은 것은 온 전체로 붉으니 풀잎마다 석가 미륵이요
흰 것은 낱낱이 희니 돌멩이마다 약사 아미타입니다.

하!

정녕 낙처는 어디에 있습니까?
 그대가 춘천 막국수를 먹으니 문수보현이 해와 달이요
그대가 함흥냉면을 먹으니 지장 관음이 산과물입니다

하!

이제 능히 이 낙을 필히 영원히 항상 누리십니까?

아침에는 한 잔 차를 마시며 만 뜨락에 붉고 흰 꽃을 가리키고
저녁에는 한 오라기 향을 사르며 만 세상에 산호열매 계수열매
뿌립니다.

하!

어찌해서 좋다. 좋다. 좋다. 지금 이대로 꼭 맞아 온법계를 이루고
어찌해서 좋다. 좋다. 좋다. 지금 이대로 꼭 맞아 온 세상을 열고
어찌해서 좋다. 좋다. 좋다. 지금 이대로 꼭 맞아 온 삼라만상을 나
투고
어찌해서 좋다. 좋다. 좋다. 지금 이대로 꼭 맞아 온갖 낙 누리고
어찌해서 지금 좋다. 좋다. 좋다. 지금 이대로 꼭 맞아 무명업식이
진여실상이요
어찌해서 좋다. 좋다. 좋다. 지금 이대로 꼭 맞아 번뇌 망상이 삼매
해탈이요
어찌해서 좋다. 좋다. 좋다. 지금 이대로 꼭 맞아 생로병사가 무여열
반이고
어찌해서 좋다. 좋다. 좋다. 지금 이대로 꼭 맞아 육도윤회가 상락
아정입니까?

일체가 오로지 나, 나, 나이기 때문입니다.
내가 오로지 일체이기 때문입니다
그러면 어찌해서 일체가 오로지 나이고 내가 어찌해서
일체이겠습니까?

이것을 분명히 알아야만 참으로 우리가 이 세상에 태어난 보람을
알 수 있으며 의의가 있습니다.

그래야만 우리 불교가 바로 믿고 바로 행하는 것이 분명해 질 것입니다.

우리가 삶을 제대로 사느냐 못 사느냐, 올곧게 사느냐, 행복하게 사느냐 하는 것도 나, 나를 분명히 알고 있느냐, 모르고 있느냐에 따르는 것이므로 분명한 나를 알기 위해 지금부터 하나하나 살펴보면서 공부를 해 나가겠습니다.

여러분들이 지금 여기에 앉아 있어도 나요 여기 오기 전에도 나요 또 시간이 흘러 이 법회가 끝나서 집에 돌아가도 나입니다.

어제도 나요 오늘도 나요 내일도 나요 영겁 전에도 나요 영겁 전이나 지금이나 영겁 후에도 나입니다.

부처님이 여러분을 대신해서 삶을 살겠습니까? 어느 절대적인 신이나 하느님이 여러분 자신을 대신해서 밥을 먹거나 화장실을 갑니까? 나, 나가 바로 모든 것을 쓰고 펼치고 누리는 것입니다.

여러분들이 살아가고 있는 갖가지 모습들은 자신이 행하는 것이 아니고서 그 누구이겠습니까. 그 행하는 이 생각하고 행하는 삶은 모두 여러분이 만들어낸 인과요 윤회요 연기이며 이것이 또한 법입니다. 그러니까 일체제법이 무아가 아닙니다.

부처님께서 말씀하신 무아란 "일체제법이 나 아님이 없다" 입니다. 우리는 이것부터 먼저 인식해야 되겠습니다.

이것부터 바로 세워야 불교가 바로 설 수 있으며 본인이 세상을 살아가는 의의가 있고 살아갈 책무가 있고 본인이 자기 삶을 가꾸어 잘 쓰고 펼쳐 누리는 그런 명분이 있게 되는 것입니다.

자기가 자기를 능히 알고 사는 것이 부처고 자기가 자기인줄
모르고 사는 것이 중생입니다. 뿌리인 자기를 분명히 못 세우니
자기 삶이 흔들리고 가정이 흔들리고 세상이 흔들리는 것입니다.

만일 내가 없다면 우리가 불교를 무엇 때문에 믿으며 육바라밀,
팔정도 계정혜 삼학을 무엇 하려고 닦겠습니까. 내가 없는데
그냥 살다가면 그뿐인데...

그러니까 분명히 일체 삶, 이세상의 삼라만상을 만들어낸 것은
본인 여러분 각자인 '나' 라는 것을 아는 데서부터 자신의 삶이
시작되고 불교가 펼쳐져야 됩니다. 이것부터 분명히 해야 합니다.

그러면 나, 나 했는데 나가 무엇인지 나란 것이 어떻게 생겼는지 나
의 근원이 어떻게 생겼는지 나의 실체가 무엇인지 나의 실상이 무엇
인지 우리가 분명히 알아야 하지 않겠습니까?

다 같이 "나" 한 번 해 봅시다. 나할 때 하는 그 자리에 "나"라는
마음자리에는 무엇이 있습니까.

"나" 하면 그뿐이지 거기에 무슨 생사가 있고 유무가 있고
색공이 있고 생멸이니 시작이니 끝이니 있겠습니까? "나" 라고
하는 인과도 윤회도 녹아진 자리입니다.

선도 없고 악도 없고 일체 사량분별을 벗어난 그 자리가 바로
"나" 라는 마음자리가 아니겠습니까?

"나" 란 그뿐이지 아무것도 어떤 것도 붙일 수 없으며 절대자도
어떤 물질도 학문도 학식도 갖다 붙일 수 없는 청정무구한 자리가
바로 "나"인 것입니다. 모든 것을 초월한 청정무구하고 순수
에너지인 그 "나"가 이렇게 생각을 내면 생이 되고 이것을 거두어

들이면 멸이 되는 것입니다.

그러므로 "나"가 생을 내면 생이 있고 "나"가 멸을 거두어 멸이 되어도 나는 있는 그대로입니다.

"나"가 이 세상에 태어나 살다가 "나"를 거두는 것은 바로 "나"에 의해서 "나"로 왔다가 "나"로 돌아가는 것입니다.

이것이 바로 열반입니다. 안심입명입니다. 견성성불 본불입니다
"나"가 이 삶 속에서 어떤 생각을 내게 되면 이것이 유 가 되며
거두어들이면 무 가 되는 것입니다.

그래서 내가 유를 나타내기 이전에도 나요 유를 나타낸 이후에도 나는 그대로요 무를 거두어 들이기 전에도 나요 무를 드러낸 후에도 나는 그대로입니다. 그러므로 나는 유도 무도 아니며 다만 내가 생각을 내니 유도 되고 생각을 거두니 무도 된다는 점을 알아야 합니다.

따라서 내가 유무를 쓰는 입장에 따라 유도 되고 무가 되어 이 세상을 만들기도 하고 거두어 들이기도 하는 것입니다.

또한 이것이 자신의 인생을 만들기도 하고 거두어들이기도 합니다.
즉 나는 그대로이며 내가 생각을 내는 까닭에 색도 되고 공도 되는 것이지 그 색과 공이 나의 근원이 아니라는 점을 명심해야합니다.
색과 공 이전에 나라는 놈이 먼저 색을 생각해서 색이 되고 이를 거두어들이니까 바로 공이 되는 것입니다.
그러나 그 색도 내가 낸 색이니 색도 나요, 또한 그 색을 내가 거두어들이니까 바로 공 또한 "나"라는 말입니다.

그런 입장에서 보면 색이 공이고 공이 색이며, 그 색도 내가 드러내서 쓰고 거두어들이는 것이므로 색이 "나"고 공도 "나"가 되는 것입니다.

그러므로 나는 색과 공 이전에 이미 색도 공도 아니므로 색이 나다 공이 나다, 라고 해서도 안됩니다.

"나"의 바탕을 빼 버리거나 이전의 나와 이후의 나를 빼 버리고 색과 공을 나눈다는 것은 잘못된 색과 공을 보는 것에 지나지 않습니다.

이러한 차원에서 "금강경"과 "반야심경"과 "연기법"을 바로 보고 바로 써야합니다.

일체를 초월한 "나"가 일체를 드러내서 일체에 걸리지 않고 물들지 않게 마음껏 자신의 삶을 거룩하고 훌륭하고 아름답게 만들어서 이 세상을 누리고 펼쳐야 한다는 것입니다.

그런 가운데 부처님을 스스로 이루어서 본래 부처님을 쓰고 누리고 펼쳐야 하며 관세음보살을 이루어서 관세음보살을 쓰고 펼치고 누릴 줄 알아야 합니다.

지장보살님이 필요하면 내가 지장보살이 되어서 내가 쓰고 펼칠 줄 아는 데 그 의의가 있는 것이지 그대로 부처님과 관세음보살님과 지장보살님을 보고만 있으면 아무런 소용이 없다는 입니다.

스님이 법문을 하는 데에 쓰고 있는 이 마이크도 여러분들이 모두 들을 수 있을 때 그 가치와 의의가 있다는 것입니다.

그러므로 중요한 것은 어떻게 나를 쓰느냐, 어떻게 만들어 가느냐에 달려있습니다.

이 세상은 온전하게 내 마음을 어떻게 먹는가에 따라 달라지는 것이

기 때문에 우리 스스로가 자신의 인생을 올곧고 제대로 만들어 펼쳐
가야만 합니다.
우리는 이를 위해 안팎으로 노력하지 않으면 안 됩니다.

사람은 자신이 가진 재물이나 지식을 잘 쓸 줄 알아야 하듯이 염불
과 참선을 해도 제대로 해야 하고 이를 잘 쓸 줄 알아야 합니다
재물은 쓸 줄 모르면 오히려 화가 되지만 잘 쓰면 이 세상을 아주
복되게 할 수 있습니다.

우리가 날마다 무소유를 입에 달고 말하는데, 사실 무소유가 유소유
인 줄 알아야 되고 유소유가 무소유인 줄 알아야 합니다.

무소유만 주장하는 것은 오직 거지 불법밖에 되지 않습니다.
탐진치 거짓 껍데기를 버리고 우주 삼라만상 삼천 대천세계를
내 것으로 만들어 마음껏 쓰고 펼쳐야 합니다. 말하자면 마음의
무소유를 통해서 있는 그대로 가진 것을 제대로 쓰라는 말입니다.

그러니까 무소유가 곧 유소유인 것입니다 무소유를 유소유로 실천할
때 무소유에 물들지 않고 유소유일 때 무소유를 실천하여 유소유에
물들지 않아 바로 내가 자유자재한 주인공이 되는 것입니다.

그런 입장에서 내가 주인이 되어 이 세상을 만들어 가야 되고
헤쳐나가야 합니다. 이런 점을 분명히 알아야 합니다.

무소유만을 절대로 주장해서는 결코 안됩니다.
이는 자기 삶이 빈털터리가 되는 거지에 다름 아닙니다. 또한 불교
도 그렇게 가서는 절대로 되지 않습니다. 공부하는 분들은 이를 명
심해야 합니다. 청정무구하게 무소유와 유소유를 똑같이 마음껏 크
게 굴리라는 것입니다.

일상적으로 지금 이대로의 인식을 육식이라 하고 꿈속을 잠재의식이라 하고 잠 속을 무의식이라 합니다.

진정한 나 라는 것은 육식과 칠식과 팔식을 초월한 나입니다.

하지만 초월했다고 해서 나를 떠나서 따로 내가 있는 것이 아닙니다. 나를 초월하여 육식과 잠재의식, 무의식을 제대로 쓰는 내가 되어야 합니다.

그러므로 비록 나를 벗어났지만 그 자리는 따로 있는 게 아니라 바로 지금 이 자리가 바로 나라는 것입니다.

그래서 지금 이대로 꼭 맞아 좋은 것입니다. 즉 나에게 꼭 맞는 이 자리가 온 법계를 만들고 온 세상을 열고 삼라만상을 만들고 온갖 것을 누리게 하는 것입니다.

또한 나에게 꼭 맞는 이 자리가 무명업식이 진여실상이요 번뇌망상이 삼매해탈이요 생로병사가 무여열반이요 육도윤회가 상락아정인 것입니다.
오늘 법문의 요지가 바로 여기에 있는 것입니다.

이와 같이 모든 것을 초월한 내가 나 이며 그 내가 지금의 나이기 때문에 육식과 칠식과 팔식을 쓰지만 본래 나는 물들지 않고 그 자리가 쓰는 것이므로 좋고, 나쁘고, 밉고, 곱고, 달고, 쓰고 하는 이 속에서 육식과 칠식과 팔식이 깨어 있어야 한다는 것입니다.

우리는 무엇인가를 보고 싶으면 보고 가고 싶으면 가고 하면 할 뿐입니다.
우리가 행한 대로 보고 듣고 느끼고 일하는 그 속에 바로 공부가 있는 것입니다.

배고프면 밥 먹고 목마르면 물 마시지만 거기에 물들지 않고 그대로 일상사를 쓰는 본래 나 그대로가 평상심인 것입니다.

청정무구하게 있는 그대로의 나가 이 삶을 이끌어 가는 주체적인 주인인 것입니다.

꿈이라는 것은 현실보다 더 깊은 세계입니다. 그런데 꿈을 꾸고 나면 허무하다고 하는데 이 또한 나입니다.

왜냐하면 잠을 자거나 자지 않거나 나이기 때문입니다. 꿈을 꾸는 것은 나요 꿈꾸지 않는 나도 나 라는 것입니다.

그럼 왜 꿈속에서 일어나는 작용을 두고 허망하다고 할까요.
이는 바로 "나"가 현실의 세계와 꿈속의 세계를 다르게 보니까 허망하다고 느끼는 것입니다.

하지만 돌이켜보면 나는 그대로 나이며 내가 꿈을 꾸는 입장이기 때문에 생각해보면 그 꿈도 내 삶의 일부분이며 현실 세계의 연장선에 지나지 않습니다.

그러므로 꿈속이나 현실의 나는 이러한 경계속에 결코 끄달려서는 안됩니다.
우리가 자유자재로 나를 쓸 줄 알아야 합니다.

즉 경계 속에서 벗어나 깨어 있어야 합니다. 그 모든 것으로 부터 초월한 나이기 때문입니다.

다시 말하자면 잠이 들거나 꿈을 꾸는 것도 현실의 연장선상인 무의식과 잠재의식의 세계이지만 이것도 하나의 경계입니다.

이러한 경계에서 나를 잃어버리게 되면 결코 그러한 잠재의식의 꿈 속 세계나 무의식의 세계인 잠 속에 끄달리는 삶을 살게 됩니다.

바로 꿈도 잠도 내가 쓸 줄 알아야 하며 꿈을 꾸면서도 잠을 자면서도 그대로 내가 깨어 있어야 생사에 끄달리지 않고 생사를 벗어나 자유자재하게 쓰는 본래의 나가 될 수 있는 것입니다.

그러므로 나는 현실이든 꿈속이든 항상 깨어 있어야 합니다.
그래야 생사에 끄달리지 않으며 생사에서 자유자재 할 수 있는 것입니다.   즉 본래의 나가 나로서 모든 것을 쓰고 펼치고 누리는 주인공이 될 수 있습니다.

그런데 어떤 학자와 선지식들은 나를 깨치기까지는 그렇게 해야되지만 사실 깨치고 나면 나 라는 것조차 없다고 말씀하시는 분이 많습니다.

그래서 가면 가고, 오면 오고, 자면 자고, 가면 갈뿐이며, 하면 할 뿐, 이라고 말씀하십니다.

이를 함축하면 무심이라고 합니다.
우리의 본래 자리는 무심과 유심을 초월한 자리라 할 수 있습니다.
무심에 빠져 있으면 무기공이며 혼침이기 때문에 무심과 유심을 초월하여 함께 쓰고 누리는 입장이 되어야 합니다.

우리는 흔히 아무런 의미가 없다든지 아무 생각이 없다든지 하는 말을 합니다. 이렇게 가만히 있다 보면 이는 나무토막에 지나지 않습니다. 하지만 본래의 나는 이렇지 않습니다.

무엇을 보든지 본 대로 느낌이 있으며 생각이 일어나고 가만히 있다가도 정신이 번쩍 들기도 하며 꼭 무엇인가를 해야 됩니다.

이렇게 나는 언제나 깨어 있습니다.

그러니까 항시 우리는 무심과 유심을 초월한 "나"가 무심과 유심을 같이 쓰는 입장이 되어 바르게 공부를 해야 합니다.
그리고 이렇게 공부가 되어도 분명히 나를 제대로 볼 줄 알아야 올바른 견처와 견행 견성을 할 수 있으며 성품을 볼 수가 있게 됩니다.

다시 말하자면 항상 깨어있는 모든 것을 초월하여 지금 이대로 깨어있는 것이 본래 나의 부처이며 본래 나의 부처자리이며 성품자리이며 그 자리가 바로 불성자리, 진여자리, 실상자리가 되는 것입니다.

일체가 오로지 나라는 것이 분명히 자각되었을 때만이 올바른 견처가 되어 올바른 깨달음이 있게 되고 비로소 돈오가 되는 것입니다.

이렇게 올바른 불교를 믿게 되고 수행을 하게 되고 실제 행을 이루어 부처님과 같은 삶이 되는 것입니다.

만약 이렇게 되지 않으면 제대로 깨달은 것이 아님을 알아야합니다. 즉 올바른 돈오가 아닙니다. 이를 분명히 알고 짚고 넘어가야 합니다.

또한 본래 그 자리는 소소영영한 자리여야만 됩니다.

고금의 선사들이 말씀하시기를 "우리가 보고 듣고 느끼고 하는 이식, 알음알이 이것을 가지고 소소영영한 자리로 삼는다. 이러면 어찌 잠이 꽉 들었을 때 소소하지 않느냐, 잠이 꽉 들었을 때 우리가 보고 듣고 말하는 이놈, 식을 가지고 소소영영한 자리인 줄 안다면 잠이 꽉 들었을 때 왜 소소영영하지 않느냐. 소소영영하지 않으면 어떻게 생사를 대적할 수 있느냐 그렇지 않다면 도둑을 자식으로 삼아서 소소영영한 것으로 착각하고 자기 수행을 삼는 것이다 "라고 하셨습니다.

이에 대해 성철큰스님은 "본래 초월한 소소영영한 자리"일체 모든 것을 초월한 그 자리가 소소영영한 것"임을 말씀하셨으며 임제 큰스님도 "내 목전에 아무 형상도 없고 이름도 없고 빛깔도 없는 분명하고 명백한 한 주인공인 이 한 물건이 모든 것을 초월한 지금 이대로 활발발한 본래 나의 소소영영한 자리"라고 하셨습니다.

그런데 우리는 이를 잘못 이해하여 본래 그 자리에 우리가 있게 되면 "그것은 허망한 것이며 그런 것은 없다"라고 착각하여 이를 공부의 중심으로 삼는 분이 많이 있습니다. 이는 잘못된 공부입니다.

우리가 식으로 보고 듣고 느끼고 아는 이 놈으로 소소영영한 본래 주인공 자리로 삼는다면 이는 마치 도둑을 자식으로 삼는 것과 같습니다.

만약 이렇게 된다면 "나는 아무것도 없는 무이며 공이다"로 빠지기가 쉽습니다.

그러므로 소소영영한 것은 우리가 알고 보고 듣는 그런 차원이 아니라 이 모든것을 초월한 그 자리입니다.

말하자면 지금 내가 여러분을 바라보듯이 여러분이 나를 바라보는 이 자리가 일체를 초월해서 일체를 드러낸 소소영영한 자리이며 항상 깨어있는 자리인 것입니다.

그러면 우리가 보고 느끼는 소소영영한 그 자리가 따로 있으며 우리가 식으로 보는 소소영영한 자리가 따로 있는 것으로 착각하기 쉬우나 일체를 초월한 소소영영한 본래 그 자리가 이대로 나이기 때문에 우리가 보고 듣고 느끼고 알고 하는 이것이 소소영영한 자리입니다.

그러므로 그 자리는 둘이 아니라 하나인 것입니다.

이와 같이 부처와 중생은 둘이 아닙니다. 너와 내가 둘이 아닌 가운데 나는 나대로 오직 나면서 여러분들도 또한 여러분입니다

그러므로 나와 여러분들의 성품자리는 항상 같기 때문에 우리는 항상 서로 열려 있는 것입니다.

곧 열려 있는 그 자리가 바로 우리인 것입니다
오늘 나와 여러분은 모두 무상사에 있든 없든 모두 하나인 것입니다.
오로지 나는 "일체 부처도 중생도 신도 같을 수 밖에 없는 절대적인 나"입니다.

또한 각자가 나이면서 그 나가 또 열려 있기 때문에 오늘 우리는 무상사에서 함께 같은 것을 공부하고 있는 것입니다.

이와 같이 상생으로 살아가는 것이 우리들의 삶이며 가족이며 이 세상이 아니겠습니까?

항시 본래 나는 열려 있기 때문에 우리는 항상 자비행을 실천해야하며 자신의 생업에 열심히 몰두해야 합니다.

이와 같이 우리는 서로서로 나누면서 마음을 가꾸며 살고 있는 것입니다. 오로지 나이지만 각자 나이지만 마음이 서로서로 열려있기 때문에 우리는 서로 이해하고 공감하면서 살고 있는 것입니다.

달마 대사가 인도에서 중국으로 건너와 한무제를 만났습니다.
한무제는 아주 불심이 지극해 수많은 절을 짓고 스님들을 공양하였습니다.

그런 그가 덕이 높고 공부를 많이 한 달마대사를 모셔서 "달마대사여, 나는 이 세상에서 왕이 되어 수많은 절을 짓고 수많은 스님을 공양했는데 이 공덕이 얼마나 됩니까?"라고 하자 달마대사는 일언지하에 "무공덕" 이라고 했습니다.

이렇게 달마대사가 말한 것은 바로 한무제가 모양과 이름에 끄달려 있기 때문에 이를 타파시키기 위해서입니다.

즉 한무제가 단지 껍데기에 불과한 것에 끄달리지 않고 나 라는 본래의 진면목을 발견하라는 뜻입니다.

그래서 달마대사는 "무공덕" 이라고 했던 것입니다.
한무제는 그 순간 참으로 황당했을 것입니다.
아마 여러분들도 그러한 상황이 되면 한무제의 마음과 같을 것입니다.

그런데 만약 저에게 물었다면 "풀잎마다 우담바라요 돌멩이 마다 마니보주입니다." 했을 것입니다.

만약 이렇게 말씀했다면 한무제가 큰 감명을 받아 더 많은 불사를 할 수 있었으며 스님들을 더 지극하게 공양할 수 있었으며 달마대사를 높이 공경했을 것입니다.

말하자면 본래의 "나"자리를 그대로 드러내었으면 오늘날 우리 불교가 더 크게 번창하지 않았을까 하는 아쉬움이 남습니다.

물론 달마대사의 높은 법언을 제대로 알아듣지 못한 한무제의 탓이 더 큽니다만.

한무제는 다시 달마대사에게 "당신 앞에 서 있는 나는 누구입니까?" 하고 물으니 달마대사가 "모른다." 라고 했습니다.

당시 최고의 권력자인 한무제가 이렇게 물었을 때 차라리 더 큰 깨달음을 주었으면 했습니다.

만약 내가 그 당시 달마대사의 입장이라면 "부처에게 절하는 자는 부처요 제왕에게 절한 자는 제왕입니다" 라고 했을 것입니다.
만약 이렇게 말씀했다면 한무제는 그대로 도를 깨쳤을 지도 모릅니다. 또한 달마대사를 더욱 공경하였을 것입니다.

그렇게 되었다면 달마대사는 9년 동안 소림굴에서 면벽할 필요가 없었으며 곤욕의 세월을 보내지 않았으며 오히려 수많은 도인들에게 법을 일찍 전해 불교가 더욱 흥하지 않았을까 하는 생각이 듭니다.

부처님은 일찍이 "팔만사천법문을 설한 것은 본래 자리, 마음자리를 가리키는 손가락과 같은 것이며 마음자리는 둥근달과 같은 것이다" 라고 말씀하셨습니다.

말하자면 둥근달을 가리키는 것에 지나지 않기 때문에 둥근달, 즉 본질적인 나를 제대로 바라보아야 한다고 말씀하셨습니다.

만약 우리가 나의 본 자리인 둥근달을 바로 보게 되면 그 순간 우리는 손가락 눈썹, 배꼽, 머리칼 하나도 다 부처가 되어 버립니다.

말하자면 둥근달이 되어 버립니다. 즉 둥근달이 따로 있고 손가락이 따로 있는 것이 아니라 가리키는 이 손가락이 그대로 둥근달이 되고 온몸 전체가 둥근달이 되고 삼라만상이 다 그대로 둥근달이 된다는 말입니다.

이것을 제대로 알아야만 합니다.

이와같이 팔만사천 법문이 손가락과 같은 역할만 한 것이 아니라 말씀 하나 하나가 다 둥근달이며 모두 본래의 나이고 마음자리임을 깨달아야 합니다.

그런 입장에서 보면 선이 교가 되고 교가 선이 되는 것입니다

선이 율이 되고 율이 선이 됩니다. 선과 교와 율이 따로 있는 것이 아닙니다. 그래서 팔만사천법문을 그대로 소중히 여기고 쓰라는 것입니다.

즉 우리가 살고 있는 삶, 그대로가 본래 나의 자리이며 둥근달이기 때문에 실로 소중한 것이 되는 것입니다.

이런 것을 분명히 제대로 알고 봐야 합니다. 그러므로 한 생각 때문에 끄달려서는 안 되기 때문에 먼저 자신을 비우고 "나"를 보라는 말입니다.

이는 한 생각하면 틀리다는 것은 아닙니다.

왜냐하면 생각을 해도 말을 하지 않는 것도 바로 나 라는 말입니다. 내가 생각한 것을 말할 수도 있고 안 할 수도 있기 때문에 말하면 틀리다는 것도 아닙니다.

사량분별을 통해 말을 해도 나 라는 것입니다. 우리는 이를 반드시 알고 있어야 합니다.

또 한가지 중요한 것이 있습니다. 좋다 좋다 좋다 지금 이대로 꼭 맞아 무명업식이 진여실상이다. 이것을 반드시 짚고 넘어가야 됩니다 일반적으로 본래 나 자리를 가리는 것은 탐진치와 오욕락에 끄달려 무명업식이 생겨서입니다.

이 때문에 우리 중생의 삶은 윤회를 하고 업보를 받으며 살아갑니다. 물론 이것도 맞습니다

그러나 근원적으로는 본래 나 자리가 탐진치를 내어 무명업식이 생긴 것이 아닙니다. 물론 생길 수도 있습니다.

그러나 실제로는 그것이 아니라 본래 나 자리가 무명이기 때문에 우리가 어두울 수밖에 없다는 것입니다.

또한 나 가 본래 무명이며 곧 무명이 진여이기 때문에 우리는 밝을 수 밖에 없습니다.

나 라고 할 때 나 뿐이고 나를 초월한 자리가 바로 진여인 것입니다. 여기에는 그 어떤 것도 갖다 붙일 수 없습니다.

우리는 원래부터 깜깜한 무명이며 곧 이것이 진여임을 알아야 합니다. 그래서 나는 분별할 것이 없으며 또한 걸릴 것이 하나도 없기 때문에 근본적으로 밝다는 것입니다.

이는 곧 무명이 그대로 진여이며, 진여가 그대로 무명입니다. 그렇기 때문에 우리가 중생놀음도 하고 부처놀음도 하는 것입니다 중생도 부처도 초월해야 부처에게도 끄달리지 않고 중생에게도 끄달리지 않고 중생과 부처를 똑같이 쓰는 것입니다.

이리하여 중생이 바로 부처이기 때문에 중생에 빠지지 않고 부처가

바로 중생이기 때문에 부처에 빠지지 않고 지금 이대로 부처와 중생에 매몰되지 않고 부처와 중생에 끄달리지 않고 내가 부처와 중생을 같이 쓰고 누리는 입장이 되는 것입니다.

절대 나는 날마다 이렇게 깨어 있어야 합니다. 이렇게 되어야만 우리가 제대로 부처임을 믿고 부처의 길을 밟으면서 신앙생활을 제대로 할 수 있는 것입니다.

또한 이렇게 되어야만 제대로 공부하고 자신을 가꾸어 펼치게 됩니다. 이것이 우리 인류의 가장 중요한 문제입니다.

우리가 잠 속에서 일상생활에서 화두와 염불이 일념이 되고 공부를 하여 본래 나를 깨쳐 견성성불이 되면 두번 다시 미하지 않는다는 얘기가 있습니다.

이것을 그대로 실천하는 것이 매우 중요합니다.

부처님이 몸과 마음을 추슬러 6년간의 긴 고행 끝에 도를 깨치고 보니 이미 나는 영겁 이전에 깨친 본래 부처요 일체중생 또한 본래 부처였다는 것을 깨달았던 것입니다.

그런데 왜 우리는 본래 부처이면서 지금 중생으로 살고 있습니까? 중생으로 미하지 않고 부처로 살아야 하지 않겠습니까?

이는 바로 우리가 미해서 중생노릇을 하고 있다는 것입니다.
일체를 초월한 그 자리에 내가 깨어 있어야 하는데도 우리는 끊임없이 어느 한쪽에 집착하고 빠지면서 중생놀음 부처놀음을 번갈아 하고 있는 것입니다.

양 변을 떠나서 양 변을 똑같이 원융무애 자유자재로 쓰는 중도실상의 끊임없는 정진이 있어야 합니다.

자, 이제 저를 따라 해보세요.
하나 다음에는 몇입니까? 둘입니다 둘 다음에는 셋, 셋 다음에는 넷입니다.

넷 다음에는 다섯입니다. 다섯 다음에는 여섯입니다. 여섯 다음에는 일곱입니다.

일곱 다음에는 여덟입니다. 여덟 다음에는 아홉입니다. 아홉 다음에는 열입니다. 열하기 전에는 아홉입니다.

아홉 하기 전에는 여덟입니다. 여덟 하기 전에는 일곱입니다.
일곱 하기 전에는 여섯입니다. 여섯 하기 전에는 다섯입니다.

다섯 하기 전에는 넷입니다. 넷 하기 전에는 셋입니다.

셋 하기 전에는 둘입니다. 둘 하기 전에는 하나입니다.

하나 하기 전에는 0입니다.

0 하기 전에는 무엇입니까?

바로 나입니다. 훌륭합니다. 바로 이러할 때 여러분들이 견성성불을 옳게 공부하고 있으며 바로 나를 제대로 본 것입니다.

또 다시 나를 한 번 되새겨 봅시다. 어떤 것이 부처중의 부처입니까? 달다!

제가 여러분에게 물으면 "달다." 하는 그 속에 무엇이 들어있습니까" 달다" 는 그것 뿐입니다.

거기에는 나고 죽는 일도 없고 공이니 색이라는 것도 없고 선이니 악이라는 것도 없으며 깨달음이나 미함도 없으며 옳으니 그르니 하는 것도 없으며 모든 사량분별이 다 녹고 팔만사천 법문도 녹고 천칠백 공안도 녹고 여러분들의 염불도 다 녹아 오로지 "달다"는 것뿐입니다 .

그런데 누가 "달다"라고 했습니까. 바로 내가 했습니다. 이와같이 "달다"라는 그 속은 일체 모든 걸 초월한 자리입니다. 즉 내가 "달다"는 말입니다 그렇지 않습니까?

우리가 "달다"라고 생각하는 것도 바로 나입니다. 또한 이것이 바로 생각을 초월한 생각 그대로 본 나 자리인 것입니다.

어떤 것이 팔만사천 법문중의 법문 입니까? "쓰다"쓰다"할 때도 쓰다는 것 뿐입니다.
이 또한 모든 것을 초월한 자리입니다. "쓰다"도 내가 했잖습니까 "쓰다"는 것도 나의 자리입니다.

우리가 믿고 있는 불교는 이와같이 하나도 틀린 것이 없습니다.
내가 행한 만큼 이룬 만큼 되는 것이 바로 불교입니다.

모두 다 맞지만 아니다 한 것도 아니다 하는 것으로 맞아서 다 맞는 것입니다.

이렇게 보면 불교는 다 맞고 다 되는 것입니다 따라서 하나도 안 되는 것이 없고 안 맞는 것이 없습니다.

이것이 바로 불교가 훌륭하고 위대한 종교입니다. 이러한 이치를 깨닫게 되면 그대로 모든 것을 초월하여 일체 끄달리지 않고 물들지 않으며 있는 그대로 나를 달고 쓰고 짜고 싱겁고 좋고 나쁘고 붉고 푸르고 희고 검고 자유자재하게 걸림없이 쓰고 펼치고 누릴 수가 있는 것입니다.

이를 분명히 알아야 우리가 살고 있는 일상이 그대로 일행삼매가 되고 일행해탈이 되는 것입니다.

그렇게 되게끔 수행하는 것이 바로 수행이고 공부이며 신앙입니다. 불교는 내가 원하는 것만큼 반드시 되게 되어 있습니다. 그래서 원하면 이루어지는 것이 곧 불교이기 때문에 끊임없이 나를 닦고 수행해야 합니다.

재미있는 말씀을 하나 하겠습니다.

우리나라의 집안에는 각자 가풍이 있습니다. 저는 "하!"라는 것을 가풍으로 삼고 있습니다. 그 속에는 팔만사천 법문도 녹아 있고 구지선사의 손가락 하나 세움도 덕산선사의 방망이도 녹아 있으며 임제선사의 할도 그 속에 다 녹아 있으며 여러분의 생로병사, 무명업식, 진여실상, 오욕락, 탐진치 다녹아 있습니다.

이것이 바로 순수 에너지인 나의 본래 자리입니다. 자식이나 남편 때문에 속상할 때 하는 일이 제대로 되지 않거나 잘될 때,

하! 하는 소리를 크게 소리쳐 보세요. 그 속에 일체가 녹아지고 일체가 이루어집니다.

통쾌하게 시원하게 밝게 넉넉하게 찬란하게 나와 온 천하가 넘칠 것입니다.

하!

하늘 위나 하늘 아래 다 함께 홀로, 홀로 다 함께 서로 열려서 똑같이 오로지 존귀하고 거룩합니다.

만고광명 만고감로 수처작주 자등명 법등명 원융무애 자유자재로 본불본락 본불직락 본불상락합니다.

하!

앉은 채로 동서남북 붉고 흰 꽃이 낭자 합니다.

하!

늘 누리는 날 영흥 범향배
(불교TV 무상사 일요초청법회)

내가 온 법계로 이대로 홍대로구나.

아 야 어 여 지옥이 천국으로 꽃피고
오 요 우 유 사바가 극락으로 열매 익으니

쿵더쿵 쿵더쿵 쿵더쿵 홍대로 일면불 월면불이요
풍더쿵 풍더쿵 풍더쿵 홍대로 유정 무정 본나로구나

지금 여러분은 어떠하십니까?

산새도 지지배배 지지배배 지지배배 해와 달을 토하고
물새도 비비배배 비비배배 비비배배 산과 물을 펼칩니다

능히 이 도리를 아십니까?

능이 이 도리를 아신다면 눈썹털마다 우담바라 무진장 만발하고
능히 이 도리를 모르신다면 배꼽마다 마니보주 무진장 쏟아집니다.

필경 낙처는 어디에 있습니까?

스스로 목말라 물마시니 삼매해탈이요
스스로 배고파 밥먹으니 진여실상입니다.

이제 능히 이 낙을 누리십니까?
이제 여러분들께서 앉은 채로 붉고 흰 꽃으로 산하대지요
지금 여러분들께서 행한 대로 산호열매 계수열매로 동서남북입니다.

이제 여러분이 본래 갖고 있는 무궁무진한 홍대로 응한 낙을
이제 정히 누리십니까?

여기 여차차 석가미륵이요
저기 여차차 약사아미타입니다.

하!

한 생각 일으키기 전에 청정법신 비로자나불이요
한 생각 일으키면 천백억화신 석가모니불이요
한 생각 끝난 후면 원만보신 노사나불입니다
한 생각 일으키기 전에도 나요
한 생각 끝난 후도 나니
내가 곧 삼신불이요 삼신불이 곧 나입니다

내가 삼신불을 흥대로 무한히 온 법계를
이루고 열고 드러내고 쓰고 누리고 원융무애하고

내가 삼신불을 흥대로 무한히 온 세상을
이루고 열고 드러내고 쓰고 누리고 원융무애하고

내가 삼신불을 흥대로 무한히 온 이승을
이루고 열고 드러내고 쓰고 누리고 원융무애하고
내가 삼신불을 흥대로 무한히 온 저승을
이루고 열고 드러내고 쓰고 누리고 원융무애하고

내가 삼신불을 흥대로 무한히 온 지옥을
이루고 열고 드러내고 쓰고 누리고 원융무애하고

내가 삼신불을 흥대로 무한히 온 천국을
이루고 열고 드러내고 쓰고 누리고 원융무애하고

내가 삼신불을 홍대로 무한히 온 사바를
이루고 열고 드러내고 쓰고 누리고 원융무애하고

내가 삼신불을 홍대로 무한히 온 극락을
이루고 열고 드러내고 쓰고 누리고 원융무애하고

내가 삼신불을 홍대로 무한히 온 범부를
이루고 열고 드러내고 쓰고 누리고 원융무애하고

내가 삼신불을 홍대로 무한히 온 성인을
이루고 열고 드러내고 쓰고 누리고 원융무애하고

내가 삼신불을 홍대로 무한히 온 중생을
이루고 열고 드러내고 쓰고 누리고 원융무애하고

내가 삼신불을 홍대로 무한히 온 부처를
이루고 열고 드러내고 쓰고 누리고 원융무애하고
내가 삼신불을 홍대로 무한히 온 삼라만상을
이루고 열고 드러내고 쓰고 누리고 원융무애합니다.

지금 여러분은 어떠하십니까?

그대가 하늘과 땅이니 그대가 하늘과 땅이 되어 하늘과
땅을 엽니다.

하!

내가 삼신불을 홍대로 온 무명업식을
이루고 열고 드러내고 쓰고 누리고 무애자재하고

내가 삼신불을 흥대로 무한히 온 진여실상을
이루고 열고 드러내고 쓰고 누리고 무애자재하고

내가 삼신불을 흥대로 무한히 온 번뇌망상을
이루고 열고 드러내고 쓰고 누리고 무애자재하고

내가 삼신불을 흥대로 무한히 온 삼매해탈을
이루고 열고 드러내고 쓰고 누리고 무애자재하고

내가 삼신불을 흥대로 무한히 온 생주이멸을
이루고 열고 드러내고 쓰고 누리고 무애자재하고

내가 삼신불을 흥대로 무한히 온 무주무멸을
이루고 열고 드러내고 쓰고 누리고 무애자재하고

내가 삼신불을 흥대로 무한히 온 생로병사를
이루고 열고 드러내고 쓰고 누리고 무애자재하고

내가 삼신불을 흥대로 무한히 온 무여열반을
이루고 열고 드러내고 쓰고 누리고 무애자재하고

내가 삼신불을 흥대로 무한히 온 육도윤회를
이루고 열고 드러내고 쓰고 누리고 무애자재하고

내가 삼신불을 흥대로 무한히 온 무도무회를
이루고 열고 드러내고 쓰고 누리고 무애자재하고

내가 삼신불을 흥대로 무한히 온 성주괴공을
이루고 열고 드러내고 쓰고 누리고 무애자재하고

내가 삼신불을 홍대로 무한히 온 여여부동을
이루고 열고 드러내고 쓰고 누리고 무애자재합니다.

지금 여러분은 어떠하십니까?

그대가 해와 달이니 그대가 해와 달이 되어 해와 달을 굴립니다.

하!

내가 삼신불을 홍대로 무한히 온 불생불멸을
이루고 열고 드러내고 쓰고 누리고 자유자재하고

내가 삼신불을 홍대로 무한히 온 무생유생을
이루고 열고 드러내고 쓰고 누리고 자유자재하고

내가 삼신불을 홍대로 무한히 온 무아유아를
이루고 열고 드러내고 쓰고 누리고 자유자재하고

내가 삼신불을 홍대로 무한히 온 무상유상을
이루고 열고 드러내고 쓰고 누리고 자유자재하고

내가 삼신불을 홍대로 무한히 온 무색유색을
이루고 열고 드러내고 쓰고 누리고 자유자재하고

내가 삼신불을 홍대로 무한히 온 무공유공을
이루고 열고 드러내고 쓰고 누리고 자유자재하고

내가 삼신불을 홍대로 무한히 온 무염유염을
이루고 열고 드러내고 쓰고 누리고 자유자재하고

내가 삼신불을 흥대로 무한히 온 무념유념을
이루고 열고 드러내고 쓰고 누리고 자유자재하고

내가 삼신불을 흥대로 무한히 온 무시유시를
이루고 열고 드러내고 쓰고 누리고 자유자재하고

 내가 삼신불을 흥대로 무한히 온 무종유종을
이루고 열고 드러내고 쓰고 자유자재하고

내가 삼신불을 흥대로 무한히 온 무주유주를
이루고 열고 드러내고 쓰고 누리고 자유자재하고

내가 삼신불을 흥대로 무한히 온 무문유문을
이루고 열고 드러내고 쓰고 누리고 자유자재하고

내가 삼신불을 흥대로 무한히 온 무도유도를
이루고 열고 드러내고 쓰고 누리고 자유자재하고

내가 삼신불을 흥대로 무한히 온 무법유법을
이루고 열고 드러내고 쓰고 누리고 자유자재합니다.

지금 여러분은 어떠하십니까?

그대가 산과 물이니 그대가 산과물이 되어 산과 물을 펼칩니다.

하!

내가 삼신불을 흥대로 불생불멸의 절대 무한생명의 생멸로서
빛이요 감로요 축복이요 영광이요 행복이요 안락이요 평화요
자유요 사랑이요 공덕이요 자비요 중도요 각이요 본각이요

본래심이요 평삼심이요 진여요 실상이요 자성이요
불성이요 성불이요 본불이요 참나요 본나요 지금 이대로 나요
지금 오로지 바로 나요 지금 이대로 오로지 바로 서로 함께
열린 청정무구하고 원만구족하고 원융무애하고 무애자재하고
자유자재하고 항사묘용하고 상락아정하고 상즉상조하고
차조동시하고 쌍차쌍조하고 상주불멸하고 영겁불퇴하고
만고광명하고 만고감로하고 무위진인하고 수처작주하고
여여부동한 나!나!나! 입니다.

내가 삼신불을 흥대로 불생불멸의 절대 무한생명의 유무로서
빛이요 감로요 축복이요 영광이요 행복이요 안락이요 평화요
자유요 사랑이요 공덕이요 자비요 중도요 각이요 본각이요
본래심이요 평삼심이요 진여요 실상이요 자성이요 불성이요
성불이요 본불이요 참나요 본나요 지금 이대로 나요

지금 오로지 바로 나요 지금 이대로 오로지 바로 서로 함께 열린
청정무구하고 원만구족하고 원융무애하고 무애자재하고 자유자재하
고 항사묘용하고 상락아정하고 상즉상조하고 차조동시하고 쌍차쌍조
하고 상주불멸하고 영겁불퇴하고 만고감로하고 무위진인하고 수처작
주하고
여여부동한 나! 나! 나!입니다.

내가 삼신불을 흥대로 불생불멸의 절대 무한생명의 색공으로서
빛이요 감로요 축복이요 영광이요 행복이요 안락이요 평화요
자유요 사랑이요 공덕이요 자비요 중도요 각이요 본각이요
본래심이요 평상심이요 진여요 실상이요 자성이요 불성이요
성불이요 본불이요 참나요 본나요 지금 이대로 나요

지금 오로지 바로 나요 지금 이대로 오로지 바로 서로 함께 열린 청

정무구하고 원만구족하고 원융무애하고 무애자재하고 자유자재하고
항사묘용하고 상락아정하고 상즉상조하고 차조동시하고 쌍차쌍조하
고 상주불멸하고 영겁불퇴하고 만고광명하고 만고감로하고 무위진인
하고 수처작주하고
여여부동한 나! 나! 나! 입니다.

내가 삼신불을 흥대로 불생불멸의 절대 무한생명의 미오로서
빛이요 감로요 축복이요 영광이요 행복이요 안락이요 평화요
자유요 사랑이요 공덕이요 자비요 중도요 각이요 본각이요
본래심이요 평상심이요 진여요 실상이요 자성이요 불성이요
성불이요 본불이요 참나요 본나요 지금 이대로 나요

지금 오로지 바로 나요 지금 이대로 오로지 바로 서로 함께 열린 청
정무구하고 원만구족하고 원융무애하고 무애자재하고 자유자재하고
항사묘용하고 상락아정하고 상즉상조하고 차조동시하고 쌍차쌍조하
고 상주불멸하고 영겁불퇴하고 만고광명하고 만고감로하고 무위진인
하고 수처작주하고
여여부동한 나!나!나! 입니다.

내가 삼신불을 흥대로 불생불멸의 절대 무한생명의 시종으로서 빛이
요 감로요 축복이요 영광이요 행복이요 안락이요 평화요
자유요 사랑이요 공덕이요 자비요 중도요 각이요 본각이요
본래심이요 평상심이요 진여요 실상이요 자성이요 불성이요
성불이요 본불이요 참나요 본나요 지금 이대로 나요

지금 오로지 바로 나요 지금 이대로 오로지 바로 서로 함께
열린 청정무구하고 원만구족하고 원융무애하고 무애자재하고
자유자재하고 항사묘용하고 상락아정하고 상즉상조하고
차조동시하고 쌍차쌍조하고 상주불멸하고 영겁불퇴하고

만고광명하고 만고감로하고 무위진인하고 수처작주하고
여여부동한 나! 나! 나! 입니다.

지금 여러분은 어떠하십니까?
그대가 지금 학과 봉황이니 그대가 학과 봉황이 되어 학과
봉황을 날립니다.

하!

지렁이가 금빛 사자를 토하니 만리 벼랑 끝에 붉고 흰꽃
난발하고 맵새가 대붕새로 화하니 만리 파도에 산호열매
계수열매 무진장입니다.

하!

필경 여러분은 누리십니까?

콩떡 속에 이승과 저승을 흥대로 펼치고
팥떡 속에 사바와 극락을 흥대로 먹습니다.

하!

오늘은 부처님께서 이 세상에 오셨다 가신 것은 일대사 큰 인연
으로 오셨다 가셨다합니다.

일대사 큰 인연이란 나고 죽는 일 입니다.
나고 죽는 그 속에 우리 모든 인생이 삶이 이 세상이 벌어지기
때문에 나고 죽는 일이 가장 큰 일입니다.

어떻게 나서 어떻게 살아야 되고 또 어떻게 살다가 어떻게
죽어야 되는지 어떻게 살아야 제대로 살고 어떻게 죽어야
제대로 죽는 것인지 그것을 알고자 해결하고자 그것을 여러분들에게
가르쳐 주시고자 부처님이 오셨다 가셨습니다.

오늘 여러분들 함께하는 이 법회는 과거 일체 모든 부처님이
오셨고 모든 큰 선사스님 스님들이 하신 법회와 현재 모든 부처님과
선사님과 스님들이 하신 법회와 미래의 모든 부처님과 선사님과 스
님들이 마련한 법회와 하나도 터럭만큼도 차이가 없습니다.

여러분들에게 그 과거 모든 부처님이 설하시고 선사 스님들이 설하
시고 현재 모든 부처님과 선사 스님들이 설하시고 미래 모든 부처님
과 선사 스님들이 설하신 그 법문을 제가 짧은 시간에 여러분들에게
전해드리고자 하니까 제가 좀 쉬운 말로 풀어서 말씀을 드려야 되는
데 또 짧은 시간에 다 말씀 드릴 수 없어 어려운 용어들을 썼습니
다.

이 점 여러분들에게 굉장히 죄송스럽게 생각합니다.
그러나 이 법문을 알든 모르든 우리가 함께 말하고 듣는 이 인연이
기필코 여러분들이 본래 갖고 있는 본래 나의 본불로서 무궁무진한
해탈의 낙을 필히 누리시라 믿기 때문에 좀 이해가 안가더라도 부처
님의 골수법문 선사들의 골수법문을 제가 말씀 드리는 것입니다.

하!

이 법문을 이해한다 해도 마니보주요
이 법문을 이해하지 못한다 해도 마니보주요

이 법문을 이해한다 해도 우담바라요

이 법문을 이해하지 못한다 해도 우담바라요

이 법문을 이해한다 해도 콩떡 팥떡이요
이 법문을 이해하지 못한다 해도 콩떡 팥떡이요

이 법문을 이해한다 해도 산과 물이요
이 법문을 이해하지 못한다 해도 산과 물이요

이 법문을 이해한다 해도 무상사 법당이요
이 법문을 이해하지 못한다 해도 무상사 법당이기 때문에

그리고 이 법문을 이해한다 해도 여러분 자신 나요
이 법문을 이해하지 못한다 해도 여러분 자신 나이기 때문에
말씀 드리는 것입니다.

여러분!

이해하지 못한다 해도 하나도 서운해 하지 말고 하나도 답답해 하지
마십시오.

여러분들이 그대로 무궁무진한 본래 갖고 있는 부처님의 무량한 공
덕을 지니고 누리게 될 것입니다.

그런데 이나 저나 아무리 눈앞에 진수성찬이 많다 해도
또 이해하나 이해 못하나 무량공덕이 다 찬다 해도

그래도 눈앞에 있는 진수성찬이 있다면 먹어야 됩니다.
먹지 않으면 뭐 먹지 않아도 해탈이고 본래불이라 그러니까

먹지 않아도 되지만 그래도 먹어야 살이 되고 **뼈가** 되고

골수가 되고 피가 되어 다시 더 새로운 그런 온갖 낙을
무궁무진 본불로서 누릴 수 있을 것입니다.

그러니까 우리 지금 이제 먹어야 됩니다.
실제 우리가 실참을 해야 됩니다.

아무리 팔만사천법문을 줄줄이 외운다 해도 실제로는 우리가
이제 먹어야 됩니다.

이제 중요한 법회 법문입니다 중대한 여러분과 같이 공부하는
이 법회 입니다.

어떤 것이 부처님입니까?
붉다!

어떤 것이 부처님의 팔만사천 법문입니까?
푸르다!

어떤 것이 부처님의 정법안장 입니까?
검다!

어떤 것 이 부처님의 열반묘심 입니까?
희다!

필경 낙처는 어디에 있습니까?
날마다 날마다 해가 동쪽에서 떠오릅니다.

정녕 여러분은 누리십니까?
그대가 해요 그대가 동쪽입니다.

하!

이제 여러분 계합 되었습니까?

계합이라는 것은
나와 내가 계합됨이요.

나와 온 우주가 오로지 나로 계합됨이요
일체가 오로지 나 뿐으로 드러남입니다.

계합된 분은 계합된 대로 계합되지 못한 분은 계합되지 못한 대로
이제 다시 하나하나 점검하며 공부해 봅시다.

제가 어떤 것이 부처님입니까? 하고 물으면 여러분들은 붉다!
하고 대답하시면 됩니다.

이제 같이 우리 공부합시다 공부를 해야 되어요
실참을 해야 됩니다.

어떤 것이 부처님 입니까?
붉다!

붉다! 할 때 어떤 것이 나! 입니까?
붉다! 할 때 어떤 것이 나! 입니까?
붉다! 할 때 어떤 것이 나! 입니까?

붉다! 할 때 붉다는 그 속에 그 자리에 무엇이 있습니까?

여러분들이 붉다! 할 때 붉다! 하는 것뿐이지 거기에 무슨
생사 나고 죽는 일이 있고 거기에 무슨 유 무 있고 없는 것이

있고 거기에 무슨 선악이 있고 거기에 무슨 색이니 공이니
그런 것이 있고 거기에 무슨 깨달은 것이니 미한 것이니 있고
거기에 어떤것 이 중생이니 부처니 있고 거기에 어떤 것이 지옥
이니 천국이니 사바니 극락이니 어떤 절대 신이니 물질이니 철학이
니 이름이니 그 어떤 것도 거기에는 갖다 붙일 수 없는 다
녹아져 버린 오로지 붉다! 하는 것뿐 아닙니까?

그렇지요?

붉다! 하면 붉다! 하는 것뿐 아닙니까?

그지요?

그 붉다! 하는 것은

그 어느 것 하나 갖다 붙일 수 없는 모든 것을 초월해버린 사량
분별이 다 끊어져 버린 천칠백 공안도 다 녹아져 버린

오로지 붉다! 하는 것뿐이지 않습니까?

그렇다면 붉다! 할 때 붉다! 하는 것 마저 초월한 그 붉다! 뿐인
그 모든 것을 초월한 붉다니까 내가 붉다! 했으니까 나도

모든 것을 초월해 있는 나는 생사도 없고 생멸도 없고
미오도 없고 미오 깨닫고 미한 것 나고 죽는 생사 유 무 있니
없니 유무도 없고 우리가 색이니 공이니 이 것도 없어 그렇지요?

색이니 공이니 색에 공에 떨어지면 안됩니다.
색도 공도 없고 일체 거기는 중생도 부처도 지옥도 천국도
사바도 극락도 다 초월해 버린 오로지 천상천하 하늘 위나

하늘아래 오직 나! 나! 뿐이지 않습니까?

내가 붉다! 고 붉다! 하는 것이 모든 것이 다 초월해진
붉다니까 붉다! 하는 것이 바로 내가 붉다! 하니까
내가 붉다! 고 붉다!가 나 ! 이잖습니까?

그렇지요?

이것을 바로 보면 바로 계합하면 지금 여러분은 이 순간
이 자리에서 견성성불 한 것입니다.

견성본불 한 것입니다.

선방에 앉아서 몇 십년 몇 백년 또 여러분들이 나름대로 염불
간경 수없이 하지만 바로 지금 이 자리에서 성불 견성본불 하는
것입니다.

자~~다시 한 번 또 합시다.

어떤 것이 부처님의 팔만사천 법문입니까?
푸르다!

푸르다! 할 때 어떤 것이 나! 입니까?
푸르다! 할 때 어떤 것이 나! 입니까?
푸르다! 할 때 어떤 것이 나! 입니까?

푸르다! 할 때 푸르다! 하는 그 속에 또한 무엇이 있습니까?

푸르다면 푸르다는 것뿐 일체 모든 것이 다 푸르다는 그 속에
녹아져 버리고 벗어져 버리고 초월해버린 오로지 푸르다! 는것

뿐 아닙니까?

그 푸르다! 하는것 또한 누가 했습니까?
내가 했지 않습니까?
내가 푸르다고 푸르다가 나인 내가 그것이 둘이 아닌 하나입니다.

그것이 바로 견성성불 본래본불입니다
또 합시다.

어떤 것이 부처님의 정법안장 입니까?

검다! 다시 검다!
검다! 할 때 어떤 것이 나! 입니까?
검다! 할 때 어떤 것이 나! 입니까?
검다! 할 때 어떤 것이 나! 입니까?
검다! 할 때 그 속에 무엇이 있습니까?

오로지 검다! 하는 것 뿐 아닙니까?

검다! 하는 그 속에 뭐 생사가 있고 미오가 있고 유무 가 있고
색공이 있고 너 나 라는 것도 있고 일체 이름과 모양 사량분별
알음알이 다 끊어져 버린 오로지 검다! 하는 것 뿐 아닙니까?

거기에는 어느 것 하나 갖다 붙일 수 없습니다.
거기는 부처도 중생도 절대 신도 하나님도 거기다 갖다 붙일 수
없는 정치도 경제도 거기는 어느 것 하나 갖다 붙일 수 없는
오로지 검다! 하는 것뿐이지 않습니까?

검다! 할 때 누가 검다! 합니까?

내가 바로 검다! 하니까
검다!가 나고 내가 검다! 가 아닙니까?

그리고 내가 모든 것을 초월해 있는 어느 것 하나갖다 붙일 수 없는
오로지 천상천하 하늘 위나 하늘아래 가장 거룩하게 높고
영겁전이나 영겁 후나 영겁이나 또한 갖다 붙일 수 없는 시간과
공간도 갖다 붙일 수 없는 자리기 때문에 나는 그래도 여여부동
하게 존재 되는 것입니다.

어느 것 하나 나를 멸할 수 없어요.
시간과 공간을 초월해 있는 나이기 때문에 거기는 생로병사도
다 벗어져 버린 그 나가 내가 생도 쓰고 멸도 쓰고 유도 쓰고
무도 쓰고 색도 쓰고 공도 쓰고 종교도 쓰고 부처도 쓰고
중생도 쓰고 내가 마음 내키는 대로

내가 홍대로 쓰고 누리고 펼치고 하는 것 뿐입니다.

그러기 때문에 내가 모든 것을 벗어나서 있기 때문에 벗어난
그 자리가 바로 나고 내가 이 자리고 이 자리가 나이기 때문에
일체 모든 것을 내가 나투어서 초월해있는 내가 나투어서 써도
누려도 펼쳐도 거기에 걸리지 않고 물들지 않고 항상 청정무구
하게 깨어 있어야 됩니다.

즉 말씀 드리자면 우리가 오고 가고 머물고 움직이고 머무는
이때에 또는 꿈속에서나 잠속에서도 생사 속에서도 그것을
초월해 있는 나는 항상 그대로 깨어 있어야 된다는 이야기가
됩니다.

그래야 이치가 바른 것입니다

여러분들이 공부를 해서 견성했다는 분들이 꿈속에 잠속에
생사 속에도 항상 깨어있어야 되는데 깨어있지 않고 그건 뭐 하나의
상이니 알음알이니 그건 덜됐다 느니 이런데 빠져가지고
잘못 살림살이 사는 분들이 견성했다는 분들이 아주 많아요.

공에 떨어져가지고 가면 가고 오면 오고 자면 자고 막식막행
해도 좋다는 분들이 아주 많아요.

공에 떨어져가지고 가면가고 오면 오고 자면자고 막식막행해도
좋다는 식으로 인과도 부정하고 윤회도 부정하고 연기도 부정한단
말입니다.

내가 모든 것을 초월해서 내가 모든 것을 드러내기 때문에 드러낸
대로 우리가 나투어서 쓰고 누리기 때문에 인과도 분명하고 연기도
분명하고 윤회도 분명합니다.

내가 하는 대로 되기 때문에 모든 걸 초월해있는 내가 가만히
있는 것이 아니라 내가 항상 생각하고 행하고 무엇을 하고
누리고 쓰고 있지 않습니까?

어떤 것이 부처님의 열반묘심입니까?

다 함께
희다! 희다! 희다!
희다! 희다! 희다!
희다! 희다! 희다!
희다! 할 때 그 속에 무엇이 있습니까?

역시 희다! 하는 것뿐 이지 그 속에 일체 모든 것을 초월해버린

갖다 붙일 수 없는 생사도 갖다 붙일 수 없고 미오도 갖다 붙일 수
없고 색공도 유무도 시공도 시종도 처음도 끝도 갖다 붙일 수 없는
바로 희다! 하는 그 나! 뿐 아니겠습니까?

견성성불이 어려운 것 아닙니다

오늘 이 산승이 이렇게 일대사 큰 인연으로 여러분과 함께하는
것입니다 아까도 말씀드렸듯이 과거 모든 부처님 선사님
오신거나 지금 현재 모든 부처님 선사님 오신거나 미래 모든
부처님 선사님 오신거나 한 터럭의 차이 없는 이 법회요

참으로 그야말로 백천만겁 어려운 이 법회입니다.

여러분!

부처님은 영상회상에서 법화경 설하다가 천왕이 감격해서 꽃비를 내
리니까 부처님이 꽃 한 송이 들고 다 보이시니까 그 가운데 가섭 혼
자 웃으시기에 부처님께서 나에게 정법안장과 열반묘심이 있는데
내가 가섭 너에게 전해 주노라 하셨습니다.

그 위대하고 위대한 불세출의 석가모니 부처님 회상에서도
가섭혼자 정법안장과 견성성불 했습니다.

여러분!

이게 쉬운 법회가 아닙니다.
삼세 여러 부처님과 함께하는 거룩하고 거룩한 막중하고 막중한 그
런 큰 법회입니다.

여러분들이 다 견성성불 본불 한 것은 이 법회 이 큰 인연이니까 길이 간직하시고 항상 본각본불해서 마음껏 자기 삶, 자기 인생을 드러내 나투어서 쓰고 펼치고 누리시고 그리고 언제나 새해 새날 오늘 이니까

여러분!

새해 무량복덕 무량진락 본락을 누리시면서 마음껏 이루고자 하는 일을 이루어서 마음껏 누리시기를 바랍니다.

그리고 이제 마지막으로 저에게 한 게송이 있으니까 같이 한번 하고 이 큰 인연을 함께 나누면서 지금 이대로 불생불멸의 영원한 생명의 자유자재한 큰 낙을 길이 누려 봅시다.

여러분!

같이 하시면 됩니다.

지금 이대로 온 법계를 이루고
무엇이든 흥대로 온 세상을 펼치구나
그대가 해와 달로 사바와 극락을 태평케하고
그대가 산과 물로 중생과 부처를 길이 행복하게 하구나.

다 함께 하! 합시다

하!

늘 누리는 날 영흥 범향 배
(불교TV 무상사 일요초청법회)

내가 나로 꼭 맞아 온 천하를
홍대로 누리구나.

라라리오 라라리오 라라리오 언제나 무엇이든 꼭 맞아
이승도 저승도 쾌지나칭칭나네요 어야띠야 상사띠야입니다.

라라리오 라리리오 라라리오 언제나 무엇이든 꼭 맞아
지옥도 천국도 쾌지나칭칭나네요 어야띠야 상사띠야입니다.

라라리오 라라리오 라라리오 언제나 무엇이든 꼭 맞아
사바도 극락도 쾌지나칭칭나네요 어야띠야 상사띠야입니다.

라라리오 라라리오 라라리오 언제나 무엇이든 꼭 맞아
중생도 부처도 쾌지나칭칭나네요 어야띠야 상사띠야입니다.

라라리오 라라리오 라라리오 언제나 무엇이든 꼭 맞아
무생도 유생도 쾌지나칭칭나네요 어야띠야 상사띠야입니다.

라라리오 라라리오 라라리오 언제나 무엇이든 꼭 맞아
무정도 유정도 쾌지나칭칭나네요 어야띠야 상사띠야입니다.

라라리오 라라리오 라라리오 언제나 무엇이든 꼭 맞아
무상도 유상도 쾌지나칭칭나네요 어야띠야 상사띠야입니다.

라라리오 라라리오 라라리오 언제나 무엇이든 꼭 맞아
무주도 유주도 쾌지나칭칭나네요 어야띠야 상사띠야입니다.

지금 여러분은 어떠하십니까?

붉은 것은 붉어서 온 전체로 해와 달로 우담바라요
푸른 것은 푸러서 낱낱이 산과 물로 마니보주입니다.

하!

석가모니 부처님이시여!
예 예 예 지금 이대로 틀림없어 그래 그래 그래
흥대로 온 법계를 이루고

미륵 부처님이시여!
예 예 예 지금 이대로 틀림없어 그래 그래 그래
흥대로 온 세상을 열고서

아미타 부처님이시여!
예 예 예 지금 이대로 틀림없어 그래 그래 그래
흥대로 온 삼라만상을 나투시고

약사여래 부처님이시여!
예 예 예 지금 이대로 틀림없어 그래 그래 그래
흥대로 온갖 낙 누리시니

문수 보살님이시여!
예 예 예 지금 이대로 틀림없어 그래 그래 그래
흥대로 무명업식이 진여실상이요

보현 보살님이시여!
예 예 예 지금 이대로 틀림없어 그래 그래 그래
흥대로 번뇌망상이 삼매해탈이요

관세음 보살님이시여!
예 예 예 지금 이대로 틀림없어 그래 그래 그래
홍대로 육도윤회가 상락아정입니다.

지금 여러분은 어떠하십니까?

고기를 물로 보내니 물결마다 우담바라로 해와 달이요
새를 숲으로 보내니 숲길마다 마니보주로 산과 물입니다.

하!

열렸구나!
드러났구나!
쓰구나!
누리구나!
펼치구나!

온 마음 다 열렸구나!
온 몸 다 드러났구나!
온 세상 다 쓰구나!
온 법계 다 누리구나!
온 나 다 펼치구나!

온 마음 온몸 온 세상 온 법계가 온 나로
무한히 자유자재하게 열렸구나

온 마음 온 몸 온 세상 온 법계가 온 나로
무한히 자유자재하게 드러났구나

온 마음 온 몸 온 세상 온 법계가 온 나로
무한히 자유자재하게 쓰구나

온 마음 온 몸 온 세상 온 법계가 온 나로
무한히 자유자재하게 누리구나

온 마음 온 몸 온 세상 온 법계가 온 나로
무한히 자유자재하게 펼치구나.

하!

삼세일체 부처님과 삼세일체 중생이 똑같이 본래대로
본불본락 본불직락 본불상락 만고광명 원융무애자재하구나

삼세일체 부처님과 삼세일체 중생이 똑같이 본래대로
본불본락 본불직락 본불상락 만고광명 원융무애합니다.

지금 여러분은 어떠하십니까?

그대 이름은 갑순이니 풀잎마다 하나 둘 셋 석가미륵이요
그대 이름은 갑돌이니 돌멩이마다 셋 둘 하나 약사아미타구나.

하!

어제도 오늘도 내일도 단 것은 달아서 강남 강북에도 달은 밝고
어제도 오늘도 내일도 산 동쪽 산 서쪽에도 쓴 것은 써서 해는 밝고
어제도 오늘도 내일도 짠 것은 짜서 저승에도 이승에도 붉고 흰 꽃
이요
어제도 오늘도 내일도 신 것은 시어서 중생도 부처도 산호열매
계수열매입니다.

지금 여러분은 어떠하십니까?

그대가 콩떡을 먹으며 쿵더쿵 쿵더쿵 쿵더쿵
사자와 호랑이를 물속으로 달리게 하며 노래하게 하고

그대가 팥떡을 먹으며 쿵더쿵 쿵더쿵 쿵더쿵
고래와 거북이를 산위로 달리게 하며 춤추게 합니다.

하!

오늘 아침 이 산승이 무상사 정문을 들어서려고 하는데
어떤 불자님께서 앞을 탁 가로막고 묻기를

불자 : 어떤 것이 스님의 본래면목입니까?

스님 : 동풍에 무상사를 팔아서 천하를 해탈케 하구나.

불자 : 어떤 것이 해탈입니까?

스님 : 예 예 예
　　　불자님께서는 이 도리를 아십니까?

불자 : 모릅니다.

스님 : 몰라도 해탈이요 알아도 해탈입니다.

불자 : 어째서 그러합니까?

스님 : 예 예 예

불자 : 합장하시고 길을 비켜 주셨습니다.

불교란 무엇이겠습니까?

우리가 불교를 믿고 불교를 행하고 누리고 있습니다.
불교란 여러분 자신이요 여러분 자신의 삶입니다.
다시 말씀 드리자면

불교는 여러분 자신의 불생불멸의 영원한 생명이요
불교란 여러분 자신의 불생불멸의 영원한 해탈이요
불교란 여러분 자신의 불생불멸의 영원한 광명이요
불교란 여러분 자신의 불생불멸의 영원한 감로요
불교란 여러분 자신의 불생불멸의 영원한 축복이요
불교란 여러분 자신의 불생불멸의 영원한 행복이요
불교란 여러분 자신의 불생불멸의 영원한 평화요
불교란 여러분 자신의 불생불멸의 영원한 자유요
불교란 여러분 자신의 불생불멸의 영원한 사랑이요
불교안 여러분 자신의 불생불멸의 영원한 자비요
불교란 여러분 자신의 불생불멸의 영원한 중도요
불교란 여러분 자신의 불생불멸의 영원한 성공이요
불교란 여러분 자신의 불생불멸의 영원한 일등이요
불교란 여러분 자신의 불생불멸의 영원한 도요 진리요 주인입니다.

우리가 불교를 믿고 행하고 누린다는 것은 여러분 자신을 믿고 여러
분 자신의 삶을 믿고 여러분 자신의 자신과 삶을 믿고 행하고 누린
다는 것입니다.

여러분 자신의 불생불멸의 영원한 생명을 믿고 행하고
누린다는 것이며
여러분 자신의 불생불멸의 영원한 광명을 믿고 행하고
누린다는 것이며

여러분 자신의 불생불멸의 영원한 해탈을 믿고 행하고
누린다는 것이며
여러분 자신의 불생불멸의 영원한 불성을 믿고 행하고
누린다는 것이며
여러분 자신의 불생불멸의 영원한 도와 진리와 성공과 중도를
믿고 행하고 누린다는 것입니다.

그러면 어찌해서 여러분 자신의 불생불멸의 영원한 생명의 광명과
행복과 자유와 평화와 중도와 불성을 알고 그 실체를 알아야 만이
무엇인지 분명하게 여러분 스스로의 삶을 확실하게 누리게 될 것입
니다.

어찌해서 여러분 자신의 실체가 삶이 이 세상을 살아가는 가장 으뜸
가는 주인이요 행복인가를 알 수 있어야 합니다.

우선 여러분들이 제가 이렇게 법문하는 이 말을 알아도 해탈이요 몰
라도 해탈이요 여러분들이 지금 앉아계신 본 그대로 듣는 그대로 생
각 그대로 느낌 그대로 인식한 그대로가 해탈이라는 것을 먼저 아셔
야 합니다.

여러분들이 무엇을 분명히 알면 아는 대로 또 모르면 모르는 대로
알면 아는 만큼 모르면 모르는 만큼 보면 보는 만큼 못 보면
못 보는 만큼 들으면 듣는 만큼 듣지 못하면 듣지 못 하는 만큼

이해하면 이해하는 만큼 이해하지 못하면 이해하지 못하는 만큼 지
금 있는 그대로가 해탈이라는 것을 일단 알아야 됩니다.

또 이 말을 못 알아도 해탈이요 알아도 해탈입니다.

이것을 여러분들이 번쩍 번갯불보다 빠르게 알아채야 됩니다. 지금 있는 그대로 본 그대로 느낌 그대로 듣는 그대로

여러분들이 도를 깨치고 안 깨치고 불교를 알고 모르고 세상일 알고 모르고 여러분이 지금 현재 어떤 생각을 생각하는 그대로

망상이면 망상 또는 무엇을 생각하면 생각한 그대로 생각하지 않으면 않는 그대로가 해탈이라는 것 이것을 빨리 알아차려야 됩니다.

손뼉 치면 손뼉 치는 그대로 성내면 성낸 그대로 좋으면 좋은 그대로 싫으면 싫은 그대로 여러분들이 잘 생기면 잘 생긴 그대로 못생기면 못생긴 그대로 복이 많으면 많은 그대로 복이 없으면 없는 그대로 건강하면 건강한 그대로 건강치 못하면 건강치 못한 그대로가 해탈이라는 것입니다.

참선을 하면 참선하는 그대로 기도를 하면 기도하는 그대로
참선을 아주 깊게 일념으로 하면 하는 그대로 일념으로 하지 못하고 번뇌 망상이 일어나면 일어난 그대로 기도를 하고

염불을 하더라도 염불을 일념으로 잘하면 하는 그대로 염불이 잘되지 않아가지고 어승 뒤숭숭 하는 그대로 그대로를 바로 보면 됩니다.

바로 보고 바로 나와 계합이 되면 그것이 바로 해탈의 세계이고 본래 여러분의 불생불멸의 영원한 생명과 감로와 광명과 자유와 평화와 중도와 불성의 그 세계가 됩니다.
바로보고 바로 깨치란 얘깁니다
바로보고 바로 못 깨치면 못 깨친 대로 바로보고 바로 깨치면 깨친 대로 나를 지금 보란 얘기입니다.

회광반조, 보는 나를 돌이켜 보는 것도 좋지만
직광직조 바로 보고 바로 계합이 되어야 돼요.
바로 느끼면 느낀 대로 나를 보란 말입니다.

인식하면 인식하는 대로. 생각하면 생각한 그대로 무슨 생각이든 좋아 아무 생각 안하고 멍청이 가만히 있으면 있는 그대로를 보란 말입니다.

그러면 그 자리가 바로 해탈의 자리이고 우리 부처님의 자리이고 불보살의 자리라 불생불멸의 영원한 여러분이 온 우주 법계의 주인이 되어서 내 인생의 주인이 되어서 여러분이 흥대로 자유자재하게 원융무애하게 살아가는 그런 내 여러분들의 삶이 되고 인생이 되어야 되는 것입니다.

거룩한 삶이 되고 거룩한 인생이 되고 어느 것 하나 견줄 수 없는 찬란한 삶이 되는 것입니다. 바로 보라입니다.

제가 말한 이 얘기를 알아듣던 못 알아듣던 알아들으면 알아듣는 대로 못 알아들으면 못 알아듣는 대로 그대로 보라 이거예요. 빨리 여러분 자신을 한번 보라 이 얘기입니다.

지금 있는 그대로 생각한 그대로 안 생각하면 안 생각한 그대로 모르면 모르는 대로 알면 아는 대로 그대로 여러분 자신을 보란 말이예요.

바로 보라 이거예요
그대로 보면 거기에 무엇이 있습니까?

싫으면 싫은 그대로 보고 좋으면 좋은 그대로 보고 성나면 성난 그대로 보고, 저는 오늘 이 자리에서 여러분은 참선을 열심히 해라 기도를 열심히 해라 복을 많이 지어라 이것은 논하지 않겠습니다.

지으면 지은대로 안 지으면 안 지은 대로 그렇다고 짓지 말라 이 말도 논하지 않고 공부를 여러분이 많이 했든 한 했든 이것도 논하지 않아 하면 하는 대로 못 하면 못 하는 대로 그대로를 보라 이거입니다. 그대로를 보았을 때 항상 해탈의 삶이고 주인의 삶이고 진정한 불교의 삶이 되는 것입니다.
그렇게 되었을 때 항상 바르게 밝게 힘차게 넉넉하게 나와 다함께 빛나는 찬란한 삶이 되고 인생이 되고 이승이 되고 저승이 되고 지옥이 천국으로 화하고 사바가 극락으로 여러분들이 무궁무진한 세세연년 홍대로 사는 삶이 됩니다.

쉽게 말하자면 홍대로 보란 얘깁니다

내 홍이 일어나는 대로 홍이라는 것이 싫으면 싫은 것도 홍입니다. 싫은 대로 일어나니까 좋으면 좋은 대로 그리고 하나를 생각하면 하나로 둘 생각하면 둘 셋 생각하면 셋 그 여러분이 지금 현재 생각하고 있는 그대로 어떤 생각이든 관계없습니다.

알면 아는 대로 모르면 모르는 대로 그대로 보면 그대로 여러분 자신의 불성의 세계 해탈의 세계 부처님의 세계가 된다 이거예요. 이것을 빨리 알아채야 됩니다. 예~

이제 다시 한 번 우리가 이것을 빨리 알아채는 것이 공부고
이것이 실참이고 이것이 돈오 돈수라 합니다.

오나가나 앉으나 내가 공부가 일념이 되어서 또 꿈속이나 잠속에 일념이 되어서 생사 일념이 되어서 홀연히 도를 깨치는 것이 돈오 돈수가 아니고

지금 있는 그대로 보는 것 듣는 것 느끼는 것 생각하는 것 그건 무슨 생각이 좋고 뭐 어떤 것이든 보는 그대로가 바로 계합이 되면 그게 돈오 돈수라

몰록 깨치고 몰록 닦고 그건 그렇고, 이제 또 여러분들이 지금 해탈해야 해탈했어야 되는데 못 했다 하면 다시 한 번 들어가 봅시다 공부를.

어떤 것이 부처님 중에 부처님 입니까?
예 예 예 빨리 알아채야 됩니다.

그럼 제가 이제 물을테니까

여기 계신 여러 불자님께서 예 예 예 하고 대답하십시요.
어떤 것이 부처님 중에 부처님 입니까?
예 예 예
아주 훌륭하십니다.

여러분들께서 예 예 예 할 때 '예' 할 때 그 속에 무엇이 있습니까?
그 자리에 예하면 예하는 것 뿐이지 않습니까?

예할 때 예하는 그 속에 들어가 보면 깨달았다 미했다 중생이니 부처니 색이니 공이니 유니 무니 선이니 악이니 지옥이니 천국이니 사바니 극락이니 부처니 중생이니 일체 모든 이름과 모양 사량 분별이 다 끊어져버린 오로지 '예'하는 그 소리 그 자리뿐이지 않습니까?

'예'할 때 '예'하는 그 자리가 바로 여러분 자신이고 자신이 '예'하는 것 아닙니까?

그 '예'하는 것이 지금 이 순간 이 현실 꿈속에서도 잠속에서도

나고 죽는 속에서도 시간과 공간 시작과 끝 색과 공 유와 무를
다 끊어져 버린 오로지 천상천하 하늘 위나 하늘 아래 오로지

'예'하는 나로 깨어있어야 되고 깨어있는 나로 항상 생활하고
꿈속에서 잠속에서 생사 속에서도 오로지 나 뿐인 깸으로 행하고 누
리고 써야 되는 것입니다.

'예'했다고 '예'하는 그 속에만 묻히면 안됩니다. 그것은 무기공입니
다. 혼침입니다.

그 '예'하는 그 속에 내가 '예'가 되어서 '예'그대로가 모든 것을 초월
한 자리이니까 나는 일상생활에서 일상생활을 그대로 하면서 오로지
나로 깨어 있어야 되고 그 나로 생활해야 되고 살아야 되고 모든 것
을 흥대로 누려야 되는 것입니다.

그것이 해탈의 세계라

여러분 자신의 인생이고 여러분 자신이 가꾸어야 되고 누려야 할 무
궁무진한 부처의 세계이고 불보살의 세계입니다.

다시 한 번 합시다.

어떤 것이 부처님의 팔만사천법문 중에 법문입니까?
예, 예, 예,

그렇습니다. 예, 예, 예, 할 때에 예하는 그 속으로 들어가자 이거입
니다. 그 속 예, 하는 그 자리를 보자 이거입니다.

그러면 역시 모든 것이 초월해 있는 나고 죽음도 초월해 있고
오고 감도 초월해있고 잘 생기고 못 생김도 초월해 있단 말입니다.

색이니 공이니 유니 무니, 깨달은 것이니 깨닫지 못한 이것도
다 초월해 있는 순수한 생명인 순수 에너지인 바로 나 그대로가 예
고 예 그대로가 나인 그 자리가 아니겠습니까?

또 다시 합시다.
어떤 것이 부처님의 정법안장 중에 정법안장 입니까?
예, 예, 예,

역시 예 할 때 예, 하는 그 자리 그 속에 무엇이 있습니까?
온갖 걱정 근심 모든 것이 다 녹아져버리고 옳으니 그르니
이것도 다 녹아져 버리고 모든 시비 분별 모든 이 세상 전쟁이니 질
병이니 가난이니 부자니 이런 것도 다 녹아져버리고 학문 예술 이런
것도 다 녹아져버린 오로지 예, 하는 것뿐

사랑하니 사랑안하니 제대로 진정으로 사랑하니 진정으로 사랑하지
않는 이런 것도 다 녹아져버리고 상대가 나를 제대로
위해준 것인가 내가 상대를 제대로 위해준 것인가 이런 것도 다 녹
아져버리고 여러분이 가정 이 사회 이 온 세계 모든 갈등과 방황 의
혹 이런 것이 다 녹아져버린 오로지 예 하는 것뿐이지 않습니까?

그 예, 하는 그것이 여러분 자신이 아니고 누가 예, 합니까?

그렇지요? 예

그때 여러분들이 그대로 모든 걸 초월해 있는 여러분들이 해탈
자재한 바로 부처님의 그 세계 자신이 부처인 석가모니부처님이 깨
달은, 모든 불보살들이 깨달은, 모든 선지식들이 깨달은 바로 그 자
리가 되는 것입니다.

또 다시 한번 합시다.

어떤 것이 부처님의 열반묘심 중에 열반묘심입니까?

예, 예, 예,

그렇습니다.

이제는 ,그 '예'를 설명하지 않아도 그대로 여러분들이
내가 '예'가 되고 '예'가 내가 되어서 바로 해탈한 해탈락을 바로 계
합이 되고 맛보게 됩니다.

지금 예, 그것이 견성성불이고 견성본불입니다.

그래서 여러분들이 살아가는데 혹시 속상하거나 무슨 어려운
일이 안될 때나 또 좋은 기분일 때 또는 성날 때 남을 미워할 때나
남을 또 좋아할 때나 공부를 하다 공부가 안될 때 참선하다
참선이 안될 때 기도를 하다 기도가 안될 때 그때는 예, 예, 예, 이
렇게 세 번만 스스로 그렇게 불러 주십시요.

그러면 공부가 잘돼 하는 일도 잘돼 무엇이든지 잘돼 무엇이든 다
용서가 됩니다.

누가 나를 비방하고 중상모략해도 다 용서가 됩니다.

그리고 여러분들이 이 인생을 이 세상을 온 법계를 바로 내 것으로
힘차게 즐겁게 살아갈 수 있는 그런 에너지가 막 솟아납니다.

예, 예, 예, 했는데도 여러분이 계합이 됐으면 좋겠는데 그래도 안
되면 또 다시 한번 딴 것으로 해봅시다.

어떤 것이 부처님 중에 부처님 입니까?
그래 그래 그래 참 어떻습니까?
얼마나 기분이 좋습니까?

그래 그래 그래 이렇게 긍정적으로 그래 해주면 바로 그래 할 때 그래 뿐이지 않습니까?

그래 하는데 어떤 삿된 것이 들지 않고 어떤 서운함도 들지 않해 그냥 다 받아들이고 다 긍정해 버리는 것입니다.

그러면 긍정하는 그 속에는 무엇이 있습니까?

역시 부처니 중생이니 깨달으니 깨닫지 못하니 잘사니 못사니
또 뭐 일이 되니 안되니 있니 없니 공이니 색이니 일체 모든 것이
다 그 속에 녹아져 버리고 미움도 고움도 녹아져 버리고 오로지

그래 그래 그래 가 되지 않습니까? 그렇지요?
'그래'가 나고 내가 '그래' 라,
또 하십시다 똑같이

어떤 것이 부처님의 팔만사천 법문중에 법문입니까?

그래 그래 그래
참 여러분이 그래 그래 그래 하니까 얼마나 시원합니까?

다 받아주지 않습니까? 다 그래 그래 그래
온갖 걱정 근심 미움도 고움도 다 떨쳐버려 그래 다 맞다 옳다

그것이 여러분이 살아가는 바로 큰 에너지가 생겨 영적 에너지가 생겨 그리고 그래 하는 그 자리가 바로 내 본래자리고

부처님의 자리이고 모든 것을 다 안고 녹이는 자리이고
모든 것을 안고 쓰고 펼치고 누리는 자리라

그래 그래 그래 하는 그 대로가 내 불성 견성성불 본래 부처의 자리
라 그래 할 때 바로 그래 하는 그 속으로 여러분들이
그대로 들어가 버려야 됩니다. 들어가면 그대로 계합이 되고 그대로
들어가 써야 됩니다.

또 한번 합시다.

어떤 것이 부처님의 정법안정 중에 정법안장입니까?

그래 그래 그래 참 어떻습니까? 좋지요?

'그래' 그것이 법이고 깨달음이고
우리 부처님께서 쓰실 살림살이고 모든 부처님이 쓰실 살림살이고
앞으로 미륵부처님이 오셔서 스스로 대각하시고 스스로 중생제도할
법문 중에 법문이고 그게 공부 중에 공부입니다.
또 다시 한 번 합시다.

어떤 것이 부처님의 열반묘심 중에 열반묘심입니까?
그래 그래 그래 하 하 하 얼마나 통쾌하고 시원합니까?

그렇지요? 예~ 바로 그것이 진짜 공부고 진짜 으뜸가는 공부고 으
뜸가는 해탈이고 으뜸가는 여러분 자신의 바로 본래자리입니다

그래서 또한 여러분들이 살아가면서 속상한 일이나 일이 안될 때나
세상일이 안될 때나 기도가 안되고 공부도 안되고

오로지 그 안되는 소리만 들리고 안 되는 기운만 올 때

그래 그래 그래 그렇게 하셔야 돼요 그러면 다 녹아져버립니다.

여러분이 본 그대로 듣는 그대로 소리 그대로 그대로가 팔만사천법
이요
모든 선지식들이 깨달은 그 자리요 여러분들이 지니고 있는 불성
그 자리고 불보살들이 행을 한 그 자리입니다.

어렵습니까? 아니 쉽지요? 예~쉬운데

우리가 실참으로 들어가서 바로 여러분들이 이 자리에서 견성성불하
고 그 견성성불의 맛을 느끼고 맛을 행하고 누려야 오늘 함께한 이
법회의 보람이 있는 것입니다.

그래야 그것이 진짜지 뭐 그렇지 않아요? 예~
또 너무 많이 하면 안되니까....끝마무리로

이제 같이 게송 노래를 함께 해봅시다

예 예 예 홍대로 온 법계를 이루고
예 예 예 홍대로 온 세상을 열어서
예 예 예 홍대로 온 삼라만상을 나투시고
예 예 예 홍대로 온갖 낙 누리십니다

시방 여러분은 정녕 이 낙을 누리십니까?

예 예 예 홍대로 사바와 극락을 펼치고
예 예 예 홍대로 중생과 부처를 누립니다
예 예 예 아주 훌륭하십니다.

또 한 번 합시다.

그래 그래 그래 흥대로 온 법계를 이루고
그래 그래 그래 흥대로 온 세상을 열고서
그래 그래 그래 흥대로 온 삼라만상을 나투시고
그래 그래 그래 흥대로 온갖 낙 누리십니다.

시방 여러분은 정녕 이 낙을 누리십니까?

그래 그래 그래 흥대로 사바와 극락을 펼치고
그래 그래 그래 흥대로 중생과 부처를 누립니다
그래 그래 그래
거룩하십니다 훌륭하십니다 찬란하십니다.

그래 그래 그래.

늘 누리는 날 영흥 범향 배
(불교TV 무상사 일요초청법회)

'나' 자성예참문

누구나 다 스스로 서로 나로 삼세일체 자성으로 본나 본불이구나.

누구나 다 스스로 서로 나로 삼라만상 온 전체로 낱낱이 한 덩어리
자성으로서 무한히 여여진아로 본나 본불해서

누구나 다 스스로 서로 나로 삼라만상 온 전체로 낱낱이 한 덩어리
자성으로서 무한히 상주실존하고

누구나 다 스스로 서로 나로 삼라만상 온 전체로 낱낱이 한 덩어리
자성으로서 무한히 상주법계해서

누구나 다 스스로 서로 나로 삼라만상 온 전체로 낱낱이 한 덩어리
자성으로서 무한히 불생불멸하고

누구나 다 스스로 서로 나로 삼라만상 온 전체로 낱낱이 한 덩어리
자성으로서 무한히 무량생명하고

누구나 다 스스로 서로 나로 삼라만상 온 전체로 낱낱이 한 덩어리
자성으로서 무한히 억조창생하고

누구나 다 스스로 서로 나로 삼라만상 온 전체로 낱낱이 한 덩어리
자성으로서 무한히 상락아정하고

누구나 다 스스로 서로 나로 삼라만상 온 전체로 낱낱이 한 덩어리
자성으로서 무한히 적멸위락하고

누구나 다 스스로 서로 나로 삼라만상 온 전체로 낱낱이 한 덩어리
자성으로서 무한히 청정무구하고

누구나 다 스스로 서로 나로 삼라만상 온 전체로 낱낱이 한 덩어리
자성으로서 무한히 청풍명월하고

누구나 다 스스로 서로 나로 삼라만상 온 전체로 낱낱이 한 덩어리
자성으로서 무한히 만고광명하고

누구나 다 스스로 서로 나로 삼라만상 온 전체로 낱낱이 한 덩어리
자성으로서 무한히 충만충조하고

누구나 다 스스로 서로 나로 삼라만상 온 전체로 낱낱이 한 덩어리
자성으로서 무한히 쌍차쌍조하고

누구나 다 스스로 서로 나로 삼라만상 온 전체로 낱낱이 한 덩어리
자성으로서 무한히 항사묘용하고

누구나 다 스스로 서로 나로 삼라만상 온 전체로 낱낱이 한 덩어리
자성으로서 무한히 삼매해탈하고

누구나 다 스스로 서로 나로 삼라만상 온 전체로 낱낱이 한 덩어리
자성으로서 무한히 열반묘심하고

누구나 다 스스로 서로 나로 삼라만상 온 전체로 낱낱이 한 덩어리
자성으로서 무한히 일심동체하고

누구나 다 스스로 서로 나로 삼라만상 온 전체로 낱낱이 한 덩어리
자성으로서 무한히 만심만체하고

누구나 다 스스로 서로 나로 삼라만상 온 전체로 낱낱이 한 덩어리
자성으로서 무한히 만체만용하고

누구나 다 스스로 서로 나로 삼라만상 온 전체로 낱낱이 한 덩어리
자성으로서 무한히 세계일화하고

누구나 다 스스로 서로 나로 삼라만상 온 전체로 낱낱이 한 덩어리
자성으로서 무한히 세계만화하고

누구나 다 스스로 서로 나로 삼라만상 온 전체로 낱낱이 한 덩어리
자성으로서 무한히 부증불감하고

누구나 다 스스로 서로 나로 삼라만상 온 전체로 낱낱이 한 덩어리
자성으로서 무한히 불구부정하고

누구나 다 스스로 서로 나로 삼라만상 온 전체로 낱낱이 한 덩어리
자성으로서 무한히 월인천강하고

누구나 다 스스로 서로 나로 삼라만상 온 전체로 낱낱이 한 덩어리
자성으로서 무한히 천강유수천강월하고

누구나 다 스스로 서로 나로 삼라만상 온 전체로 낱낱이 한 덩어리
자성으로서 무한히 일월보조하고

누구나 다 스스로 서로 나로 삼라만상 온 전체로 낱낱이 한 덩어리
자성으로서 무한히 자비공덕하고

누구나 다 스스로 서로 나로 삼라만상 온 전체로 낱낱이 한 덩어리
자성으로서 무한히 무량공덕하고

누구나 다 스스로 서로 나로 삼라만상 온 전체로 낱낱이 한 덩어리
자성으로서 무한히 복혜구족하고

누구나 다 스스로 서로 나로 삼라만상 온 전체로 낱낱이 한 덩어리
자성으로서 무한히 상주상락하고

누구나 다 스스로 서로 나로 삼라만상 온 전체로 낱낱이 한 덩어리
자성으로서 무한히 상적상조하고

누구나 다 스스로 서로 나로 삼라만상 온 전체로 낱낱이 한 덩어리
자성으로서 무한히 원융무애하고

누구나 다 스스로 서로 나로 삼라만상 온 전체로 낱낱이 한 덩어리
자성으로서 무한히 자유자재하고

누구나 다 스스로 서로 나로 삼라만상 온 전체로 낱낱이 한 덩어리
자성으로서 무한히 무애자재하고

누구나 다 스스로 서로 나로 삼라만상 온 전체로 낱낱이 한 덩어리
자성으로서 무한히 만법귀의하고

누구나 다 스스로 서로 나로 삼라만상 온 전체로 낱낱이 한 덩어리
자성으로서 무한히 만법만여하고

누구나 다 스스로 서로 나로 삼라만상 온 전체로 낱낱이 한 덩어리
자성으로서 무한히 법륜회통하고

누구나 다 스스로 서로 나로 삼라만상 온 전체로 낱낱이 한 덩어리
자성으로서 무한히 평상심도하고

누구나 다 스스로 서로 나로 삼라만상 온 전체로 낱낱이 한 덩어리
자성으로서 무한히 무위진인하고

누구나 다 스스로 서로 나로 삼라만상 온 전체로 낱낱이 한 덩어리
자성으로서 무한히 일행삼매하고

누구나 다 스스로 서로 나로 삼라만상 온 전체로 낱낱이 한 덩어리
자성으로서 무한히 만행해탈하고

누구나 다 스스로 서로 나로 삼라만상 온 전체로 낱낱이 한 덩어리
자성으로서 무한히 일행열반하고

누구나 다 스스로 서로 나로 삼라만상 온 전체로 낱낱이 한 덩어리
자성으로서 무한히 만행열반하고

누구나 다 스스로 서로 나로 삼라만상 온 전체로 낱낱이 한 덩어리
자성으로서 무한히 일행일여하고

누구나 다 스스로 서로 나로 삼라만상 온 전체로 낱낱이 한 덩어리
자성으로서 무한히 만행만여하고

누구나 다 스스로 서로 나로 삼라만상 온 전체로 낱낱이 한 덩어리
자성으로서 무한히 동정일여하고

누구나 다 스스로 서로 나로 삼라만상 온 전체로 낱낱이 한 덩어리
자성으로서 무한히 몽중일여하고

누구나 다 스스로 서로 나로 삼라만상 온 전체로 낱낱이 한 덩어리
자성으로서 무한히 숙면일여하고

누구나 다 스스로 서로 나로 삼라만상 온 전체로 낱낱이 한 덩어리
자성으로서 무한히 오매일여하고

누구나 다 스스로 서로 나로 삼라만상 온 전체로 낱낱이 한 덩어리
자성으로서 무한히 미오일여하고

누구나 다 스스로 서로 나로 삼라만상 온 전체로 낱낱이 한 덩어리
자성으로서 무한히 생사일여하고

누구나 다 스스로 서로 나로 삼라만상 온 전체로 낱낱이 한 덩어리
자성으로서 무한히 입태일여하고

누구나 다 스스로 서로 나로 삼라만상 온 전체로 낱낱이 한 덩어리
자성으로서 무한히 출태일여하고

누구나 다 스스로 서로 나로 삼라만상 온 전체로 낱낱이 한 덩어리
자성으로서 무한히 법계연기하고

누구나 다 스스로 서로 나로 삼라만상 온 전체로 낱낱이 한 덩어리
자성으로서 무한히 육도윤회하고

누구나 다 스스로 서로 나로 삼라만상 온 전체로 낱낱이 한 덩어리
자성으로서 무한히 무주무회하고

누구나 다 스스로 서로 나로 삼라만상 온 전체로 낱낱이 한 덩어리
자성으로서 무한히 유주유회하고

누구나 다 스스로 서로 나로 삼라만상 온 전체로 낱낱이 한 덩어리
자성으로서 무한히 무주유주하고

누구나 다 스스로 서로 나로 삼라만상 온 전체로 낱낱이 한 덩어리
자성으로서 무한히 무념유념하고

누구나 다 스스로 서로 나로 삼라만상 온 전체로 낱낱이 한 덩어리
자성으로서 무한히 무상유상하고

누구나 다 스스로 서로 나로 삼라만상 온 전체로 낱낱이 한 덩어리
자성으로서 무한히 무염유염하고

누구나 다 스스로 서로 나로 삼라만상 온 전체로 낱낱이 한 덩어리
자성으로서 무한히 색즉시공하고

누구나 다 스스로 서로 나로 삼라만상 온 전체로 낱낱이 한 덩어리
자성으로서 무한히 공즉시색하고

누구나 다 스스로 서로 나로 삼라만상 온 전체로 낱낱이 한 덩어리
자성으로서 무한히 시즉종하고

누구나 다 스스로 서로 나로 삼라만상 온 전체로 낱낱이 한 덩어리
자성으로서 무한히 종즉시하고

누구나 다 스스로 서로 나로 삼라만상 온 전체로 낱낱이 한 덩어리
자성으로서 무한히 일즉다하고

누구나 다 스스로 서로 나로 삼라만상 온 전체로 낱낱이 한 덩어리
자성으로서 무한히 다즉일하고

누구나 다 스스로 서로 나로 삼라만상 온 전체로 낱낱이 한 덩어리
자성으로서 무한히 향상일구하고

누구나 다 스스로 서로 나로 삼라만상 온 전체로 낱낱이 한 덩어리
자성으로서 무한히 향하일구하고

누구나 다 스스로 서로 나로 삼라만상 온 전체로 낱낱이 한 덩어리
자성으로서 무한히 평상일구하고

누구나 다 스스로 서로 나로 삼라만상 온 전체로 낱낱이 한 덩어리
자성으로서 무한히 조사선하고

누구나 다 스스로 서로 나로 삼라만상 온 전체로 낱낱이 한 덩어리
자성으로서 무한히 간화선하고

누구나 다 스스로 서로 나로 삼라만상 온 전체로 낱낱이 한 덩어리
자성으로서 무한히 여래선하고

누구나 다 스스로 서로 나로 삼라만상 온 전체로 낱낱이 한 덩어리
자성으로서 무한히 묵조선하고

누구나 다 스스로 서로 나로 삼라만상 온 전체로 낱낱이 한 덩어리
자성으로서 무한히 염불선하고

누구나 다 스스로 서로 나로 삼라만상 온 전체로 낱낱이 한 덩어리
자성으로서 무한히 주력선하고

누구나 다 스스로 서로 나로 삼라만상 온 전체로 낱낱이 한 덩어리
자성으로서 무한히 간경선하고

누구나 다 스스로 서로 나로 삼라만상 온 전체로 낱낱이 한 덩어리
자성으로서 무한히 사경선하고

누구나 다 스스로 서로 나로 삼라만상 온 전체로 낱낱이 한 덩어리
자성으로서 무한히 생활선하고

누구나 다 스스로 서로 나로 삼라만상 온 전체로 낱낱이 한 덩어리
자성으로서 무한히 돈오돈수하고

누구나 다 스스로 서로 나로 삼라만상 온 전체로 낱낱이 한 덩어리
자성으로서 무한히 돈오점수하고

누구나 다 스스로 서로 나로 삼라만상 온 전체로 낱낱이 한 덩어리
자성으로서 무한히 직지보조하고

누구나 다 스스로 서로 나로 삼라만상 온 전체로 낱낱이 한 덩어리
자성으로서 무한히 직광직조하고

누구나 다 스스로 서로 나로 삼라만상 온 전체로 낱낱이 한 덩어리
자성으로서 무한히 회광반조하고

누구나 다 스스로 서로 나로 삼라만상 온 전체로 낱낱이 한 덩어리
자성으로서 무한히 내외명철하고

누구나 다 스스로 서로 나로 삼라만상 온 전체로 낱낱이 한 덩어리
자성으로서 무한히 본지풍광하고

누구나 다 스스로 서로 나로 삼라만상 온 전체로 낱낱이 한 덩어리
자성으로서 무한히 확철대오하고

누구나 다 스스로 서로 나로 삼라만상 온 전체로 낱낱이 한 덩어리
자성으로서 무한히 존재명확하고

누구나 다 스스로 서로 나로 삼라만상 온 전체로 낱낱이 한 덩어리
자성으로서 무한히 직지견성하고

누구나 다 스스로 서로 나로 삼라만상 온 전체로 낱낱이 한 덩어리
자성으로서 무한히 직지본성하고

누구나 다 스스로 서로 나로 삼라만상 온 전체로 낱낱이 한 덩어리
자성으로서 무한히 직지성불하고

누구나 다 스스로 서로 나로 삼라만상 온 전체로 낱낱이 한 덩어리
자성으로서 무한히 직지본불하고

누구나 다 스스로 서로 나로 삼라만상 온 전체로 낱낱이 한 덩어리
자성으로서 무한히 즉견여래하고

누구나 다 스스로 서로 나로 삼라만상 온 전체로 낱낱이 한 덩어리
자성으로서 무한히 즉현즉불하고

누구나 다 스스로 서로 나로 삼라만상 온 전체로 낱낱이 한 덩어리
자성으로서 무한히 실참구현하고

누구나 다 스스로 서로 나로 삼라만상 온 전체로 낱낱이 한 덩어리
자성으로서 무한히 중도실상하고

누구나 다 스스로 서로 나로 삼라만상 온 전체로 낱낱이 한 덩어리
자성으로서 무한히 무위진락하고

누구나 다 스스로 서로 나로 삼라만상 온 전체로 낱낱이 한 덩어리
자성으로서 무한히 처처극락하고

누구나 다 스스로 서로 나로 삼라만상 온 전체로 낱낱이 한 덩어리
자성으로서 무한히 영겁불퇴하고

누구나 다 스스로 서로 나로 삼라만상 온 전체로 낱낱이 한 덩어리
자성으로서 무한히 여여부동하고

누구나 다 스스로 서로 나로 삼라만상 온 전체로 낱낱이 한 덩어리
자성으로서 무한히 수처작주하고

누구나 다 스스로 서로 나로 삼라만상 온 전체로 낱낱이 한 덩어리
자성으로서 무한히 무명진여하고

누구나 다 스스로 서로 나로 삼라만상 온 전체로 낱낱이 한 덩어리
자성으로서 무한히 진여무명하고

누구나 다 스스로 서로 나로 삼라만상 온 전체로 낱낱이 한 덩어리
자성으로서 무한히 중생부처하고

누구나 다 스스로 서로 나로 삼라만상 온 전체로 낱낱이 한 덩어리
자성으로서 무한히 부처중생하고

누구나 다 스스로 서로 나로 삼라만상 온 전체로 낱낱이 한 덩어리
자성으로서 무한히 묘법안락하고

누구나 다 스스로 서로 나로 삼라만상 온 전체로 낱낱이 한 덩어리
자성으로서 무한히 광명감로하고

누구나 다 스스로 서로 나로 삼라만상 온 전체로 낱낱이 한 덩어리
자성으로서 무한히 자성창조하고

누구나 다 스스로 서로 나로 삼라만상 온 전체로 낱낱이 한 덩어리
자성으로서 무한히 자성연기하고

누구나 다 스스로 서로 나로 삼라만상 온 전체로 낱낱이 한 덩어리
자성으로서 무한히 자성윤회하고

누구나 다 스스로 서로 나로 삼라만상 온 전체로 낱낱이 한 덩어리
자성으로서 무한히 자성인과하고

누구나 다 스스로 서로 나로 삼라만상 온 전체로 낱낱이 한 덩어리
자성으로서 무한히 자성여여하고

누구나 다 스스로 서로 나로 삼라만상 온 전체로 낱낱이 한 덩어리
자성으로서 무한히 자성부동하고

누구나 다 스스로 서로 나로 삼라만상 온 전체로 낱낱이 한 덩어리
자성으로서 무한히 자성구족하고

누구나 다 스스로 서로 나로 삼라만상 온 전체로 낱낱이 한 덩어리
자성으로서 무한히 자성무한하고

누구나 다 스스로 서로 나로 삼라만상 온 전체로 낱낱이 한 덩어리
자성으로서 무한히 자성청정하고

누구나 다 스스로 서로 나로 삼라만상 온 전체로 낱낱이 한 덩어리
자성으로서 무한히 자성광명하고

누구나 다 스스로 서로 나로 삼라만상 온 전체로 낱낱이 한 덩어리
자성으로서 무한히 자성보림하고

누구나 다 스스로 서로 나로 삼라만상 온 전체로 낱낱이 한 덩어리
자성으로서 무한히 자성실현하고

누구나 다 스스로 서로 나로 삼라만상 온 전체로 낱낱이 한 덩어리
자성으로서 무한히 자성부처행하고

누구나 다 스스로 서로 나로 삼라만상 온 전체로 낱낱이 한 덩어리
자성으로서 무한히 자성누림하고

누구나 다 스스로 서로 나로 삼라만상 온 전체로 낱낱이 한 덩어리
자성으로서 무한히 본불본행하고

누구나 다 스스로 서로 나로 삼라만상 온 전체로 낱낱이 한 덩어리
자성으로서 무한히 본불본락하고

누구나 다 스스로 서로 나로 삼라만상 온 전체로 낱낱이 한 덩어리
자성으로서 무한히 본불진락고

누구나 다 스스로 서로 나로 삼라만상 온 전체로 낱낱이 한 덩어리
자성으로서 무한히 대기대용하고

누구나 다 스스로 서로 나로 삼라만상 온 전체로 낱낱이 한 덩어리
자성으로서 무한히 성조작지하고

누구나 다 스스로 서로 나로 삼라만상 온 전체로 낱낱이 한 덩어리
자성으로서 무한히 묘관찰지하고

누구나 다 스스로 서로 나로 삼라만상 온 전체로 낱낱이 한 덩어리
자성으로서 무한히 평등성지하고

누구나 다 스스로 서로 나로 삼라만상 온 전체로 낱낱이 한 덩어리
자성으로서 무한히 대원경지합니다.

지금 여러분은 어떠하신고?

꽃은 꽃으로 자성을 열어서 그대를 영원히 행복케하고
풀은 풀로 자성을 드러내 그대를 영원히 태평케 하구나.

하!

늘 함께 누리는 날 영홍 범향 배

찬 (讚)

온 법계가 오로지 님뿐입니다
온 세상이 오로지 님뿐입니다
온 삼라만상이 오로지 님뿐입니다
천상천하에 오로지 님뿐입니다
이승이나 저승이나 오로지 님뿐입니다
일체가 오로지 님뿐입니다
불생불멸로 오로지 님뿐입니다
지고지순하게 오로지 님뿐입니다
사랑합니다 존경합니다 오로지 님뿐입니다
평안하소서 자유로소서 오로지 님뿐입니다
영원히 길이길이길이 오로지 님뿐입니다
풀벌레도 물고기도 오로지 님으로 광명을 놓습니다.

하!

늘 누리는날 영흥 범향배

 # 발원문

다함께 스스로 온 법계를 이루고
지금 이대로 여여한 세상 열고서
서로 통해 무한한 낙 누리니
보배중에 보배이신 삼보님께
지심귀명 이 책 한권을 올립니다.

종이 종이마다 감로와 마니주 쏟아져 금고기 노닐고
글자 글자마다 해와 달 끝없이 토해서 은고기 노닐고
이 책을 펴낸이나 펴내지 못한 이나
이 책을 시주한 이나 시주 못한 이나

유정무정 남김없이 일체불 일체중생 똑같이
안팎으로 지혜복덕 공덕이 무량하여
무엇이든 원하는 대로 다 이루어서
세세상행 본불본락 본불진락 본불무애 하소서.

낮에는 낮을 펼쳐 붉고 흰꽃 가리키고
밤에는 밤을 펼쳐 산호열매 계수열매 뿌립니다.

하!

나무청정법신비로자나불
나무원만보신노사나불
나무천백억화신석가모니불
나무삼세일체진여실상본나불

늘 함께 누리는 날 영홍 범향 배

나 바로 깨친다

2011년 5월 초판1쇄 펴냄

지 은 이 : 영흥선사
펴 낸 곳 : 꽃숲
펴 낸 이 : 영명
등록번호: 제321-2010-000059호
주   소 : 서울시 서초구 잠원동 60-7 녹원한신 102-1306
전화번호: 02)537-3896
E-Mail : Urblossoms@gmail.com

ISBN 978-89-964353-1-0 03220
정가 15,000원